HISTOIRE
DE LA
BATAILLE DE BAPAUME
ET DE
L'INVASION PRUSSIENNE
DANS CETTE VILLE ET LES ENVIRONS

Avec

UNE CARTE DU THÉATRE DE LA GUERRE

PAR L'AUTEUR

DE L'*HISTOIRE DE BAPAUME*

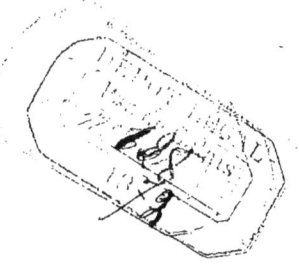

Prix : **2 fr. 50** c.

ARRAS

CHEZ EUGÈNE BRADIER, LIBRAIRE-ÉDITEUR

50, RUE SAINT-AUBERT, 50

1872

PRÉFACE.

Les événements qui se sont passés à Bapaume et dans les environs, pendant la guerre désastreuse de 1870-1871, sont trop importants pour qu'on puisse les passer sous silence. Auteur d'une histoire de cette ville, j'ai cru devoir recueillir tous les documents qui intéressent le pays pendant l'invasion allemande ; j'ai interrogé de nombreux témoins oculaires, et visité plusieurs fois le champ de bataille ; j'ai profité de plusieurs manuscrits rédigés dans certaines localités après les événements ; je me suis mis surtout en rapport avec presque tous les officiers généraux, supérieurs et autres, acteurs du drame sanglant des 2 et 3 janvier 1871. Ils se sont tous empressés, avec une courtoisie que l'on ne saurait assez louer, de m'envoyer leur rapport officiel ou de me donner des renseignements détaillés et authentiques. Qu'ils daignent en agréer ici l'hommage de toute ma reconnaissance.

C'est avec de tels documents que j'ai écrit cette histoire qui, à défaut d'autre mérite, aura au moins celui d'être impartiale et véridique.

CHAPITRE PREMIER.

La guerre de 1870 ne devait pas réussir. — Il nous fallait, après le 4 septembre, d'excellents généraux et non d'habiles discoureurs. — Errements de M. Gambetta. — Plan du général Bourbaki. — Celui du général Faidherbe. — Composition de l'armée du Nord. — État-major général. — 22e corps, 1re et 2e divisions. — 23e corps, 1re et 2e divisions. — Coup d'œil sur cette armée. — État-major. — Artillerie. — Infanterie. — Intendance. — Mobiles et mobilisés. — Conséquences.

La guerre de 1870 contre l'Allemagne devait nous être fatale; elle l'a été. Déclarée contre toute prudence, commencée sans préparatifs proportionnés à la grandeur colossale de l'entreprise, dirigée par un esprit de vertige, signe toujours avant-coureur de la chute des rois, elle aboutit nécessairement à la catastrophe de Sedan, à la captivité de Napoléon III et au siège de Paris. La situation de la France était alors bien compromise; mais elle le fut bien plus après la capitulation de Metz. Était-elle désespérée? Non, si nous avions eu, à la révolution du 4 septembre, des hommes habiles pour tenir d'une main ferme le gouvernail de l'État et régler avec intelligence et précision les mouvements des armées que leur activité aurait su créer.

Ceux qui arrivèrent au pouvoir n'étaient pas, malheureusement, les sauveurs que réclamaient les tristes circonstances où nous étions. Il nous fallait des hommes de génie dans l'art militaire, et nous n'eûmes que de longs discoureurs ; il nous fallait d'habiles généraux, et nous n'eûmes que de présomptueux avocats. Leurs plus emphatiques proclamations ont été impuissantes à faire tomber les armes des mains du roi de Prusse et à provoquer les levées en masse. Et d'ailleurs, les levées en masse, soit qu'elles se groupent, soit qu'elles se dispersent dans les embuscades des villes et des campagnes, n'arrêteront jamais des armées disciplinées, nombreuses et compactes, munies d'une formidable artillerie. Cet appel de toute une nation aux armes fait sourire de pitié le prudent tacticien ; il ne flatte que la vanité ou l'ignorance.

On lisait, il est vrai, les sonores et stériles déclamations des membres du Gouvernement de la défense nationale, mais c'était souvent par une pure curiosité, qu'accompagnait toujours le scepticisme le plus opiniâtre. Un peuple ne se soulève pas au vent de la parole d'un orateur quelque véhément qu'il soit; sa parole est tout au plus l'étincelle qui met le feu à la mine, quand la mine est chargée, mais elle ne saurait créer ni l'enthousiasme actif ni le dévouement qui va jusqu'au sacrifice de la vie. En vain aurait-on prêché la croisade à nos pères, s'ils n'avaient eu une foi ardente et un vif désir de la gloire des armes. Mais comment auraient-ils pu faire appel au sentiment religieux, à l'esprit militaire de la France, ces dictateurs de l'époque, qui, à l'exception d'un seul, avaient travaillé toute leur vie à ruiner la foi, à désorganiser et avilir l'armée.

Quoi qu'il en soit, le ministre de la guerre, M. Gambetta, qui avait changé la robe pour l'épée, prétendit diriger nos armées, comme s'il suffisait d'être violent tribun pour devenir un habile stratégiste. Il tomba dans les mêmes errements que l'on avait suivis au début de la campagne et qu'on avait si vivement reprochés à l'Empire. Il dissémina les trois armées, qu'il parvint à lever, sur les points les plus éloignés : la première, sur la Loire ; l'autre, à l'Est ; la troisième au Nord, tandis que nos ennemis avaient le plus grand soin d'éviter l'éparpillement de leurs forces.

Le brave et loyal Bourbaki, mis à la tête de l'armée qui devait opérer dans notre contrée, fut d'avis que, si on se croyait en état de livrer bataille, il valait mieux le faire, le long du chemin de fer d'Amiens à Rouen, de façon à se rabattre, après un échec, du côté de cette dernière ville, et s'y réunir aux forces de la Normandie, puis à celles de la Loire, au lieu de se retirer dans les places du Nord. Ce plan, s'il avait été suivi, aurait préservé Bapaume et les environs des malheurs de l'invasion ; les Allemands ne songeaient pas, en effet, à occuper le Pas-de-Calais aussi longtemps que Paris tiendrait. Mais le général Bourbaki, cédant aux dégoûts et aux embarras que lui suscitait sans cesse la méfiance des démocrates, donna sa démission. Par un décret du 18 novembre 1870, il fut remplacé par le général Faidherbe, dont l'attitude politique apaisa les susceptibilités mesquines de ceux qui préfèrent et préféreront toujours le triomphe de leur opinion au salut de la patrie.

Ce général qui, de l'aveu même de ses ennemis, montra beaucoup de sang-froid et de sagacité, suivit un autre plan, dont l'exécution eut pour conséquence l'invasion prussienne dans notre pays. Faire des pointes hardies pour attirer sur lui les troupes ennemies, afin de favoriser les sorties de Paris, les attaquer quand la prudence ou la nécessité l'exigeait, battre en retraite le lendemain devant des concentrations de forces supérieures, s'abriter derrière les places fortes qui hérissent cette partie septentrionale du territoire français, telle fut la tactique du général Faidherbe.

Quand ce général eut complété et renforcé son armée, il la

divisa en deux corps : 22ᵉ et 23ᵉ. Il importe de donner une idée de la composition de ces corps qui ont combattu si vaillamment à la journée de Béhagnies et à la bataille de Bapaume. Elle a peu varié dans le reste de la campagne.

FAIDHERBE, Général en chef

Aide-de-Camp : chef de bataillon RICHARD.

GRAND ÉTAT-MAJOR GÉNÉRAL.

Major-général : général de division FARRE.
Major-général adjoint : colonel de VILLEMOISY.
    id.   chef de bataillon DE PEFLUAU.
    id.   chef de bataillon MÉLARD.

ARTILLERIE.

Commandant l'artillerie de l'armée : lieut.-colonel CHARON.
Chef d'état-major : chef de bataillon BODIN.

GÉNIE.

Commandant le génie de l'armée : colonel MILLIROUX.

PRÉVÔTÉ.

Grand prévôt : chef d'escadron de COURCHANT DES SABLONS.

INTENDANCE.

Intendant en chef : RICHARD.

SERVICE RELIGIEUX.

Les abbés STERLIN, WIBAUX et plusieurs aumôniers volontaires.

SERVICE DE SANTÉ.

Médecin inspecteur : Laveran.
Pharmacien en chef : Coulier.

TRÉSOR.

Payeur principal : Cointrade.

TROUPES ATTACHÉES AU QUARTIER GÉNÉRAL.

Pelotons d'escorte. { 2 escadrons du 8e dragons, col. Beaussant.
2 escadrons de gendarmerie, id.

ARTILLERIE.

1re batterie de marine : capitaine Rolland.
2e   id.   capitaine N.
4e batterie du 15e d'artillerie : capitaine N.
1re batterie, — cap. Lachapelle.
2e batterie, — cap. Gargneau.
4e batterie (bis) — cap. Monnier.

} Commandant Géron.

22e CORPS.

Général-commandant : général Lecointe.

ÉTAT-MAJOR GÉNÉRAL.

Chef d'état-major : capitaine du génie Farjon.

ARTILLERIE

Commandant l'artillerie : chef d'escadron Pigouche.

GÉNIE.

Commandant du génie : chef de bataillon Thouzellier.

INTENDANCE.

Intendant : Grifessey.

SERVICE DE SANTÉ.
M***

TROUPES ATTACHÉES AU QUARTIER GÉNÉRAL.
Un peloton du 2ᵉ dragons.

PREMIÈRE DIVISION.

Commandant la division : général DERROJA.
Chef d'état-major : JARRIEZ.

PRÉVÔTÉ.
Douze gendarmes.

INTENDANT.
M. BONAVENTURE.

1ʳᵉ BRIGADE.

Commandant : lieutenant-colonel AYNES.

2ᵉ bataillon de chasseurs à pied : lieutenant-colonel BOSCHIS.

67ᵉ régiment de marche.	1ᵉʳ bat. du 75ᵉ. Cᵗ N.	lieutenant-colonel TRAMOND.
	2ᵉ id. Cᵗ CHAMBELLAN.	
	1ᵉʳ b. du 64ᵉ. Cᵗ HENDARAUD.	

91ᵉ régiment de mobiles du Pas-de-Calais.	5ᵉ bat. Commanᵗ MATIS.	lieutenant-colonel FAUVEL.
	6ᵉ id. Commanᵗ PESSEZ.	
	7ᵉ id. Commanᵗ DUJARRIE.	

2ᵉ BRIGADE :

Commandant : colonel PITTIÉ.
17ᵉ bataillon de chasseurs : commandant MONNIER.

68ᵉ régiment de marche.	1ᵉʳ bat. du 24ᵉ. Cᵗ IZARD.	lieutenant-colonel COTTIN.
	2ᵉ id. Cᵗ MARTIN.	

46ᵉ régiment ⎧ 1ᵉʳ bat. Commᵗ POLLET. ⎫ lieutenant-
de mobiles ⎨ 2ᵉ id. Commᵗ PARIS. ⎬ colonel
du Nord. ⎩ 3ᵉ id. Cᵗ E. DE LALÈNE-LAPRADE ⎭ J. DE LALÈNE-LAPRADE

ARTILLERIE.

Commandant : CORNET.

2ᵉ batterie principˡᵉ du 15ᵉ d'artillerie : capit. BOCQUILLON.
1ʳᵉ batterie principale (*bis*). id. capit. COLLIGNON,
3ᵉ batterie (*bis*) du 12ᵉ, id. capit. DE MONTEBELLO.

GÉNIE.

Une compagnie : capitaine SAMBUC.

DEUXIÈME DIVISION.

Commandant : général DU BESSOL.
Chef d'état-major : chef de bataillon ZÉDÉ.

PRÉVOTÉ.
Lieutenant GAUTIER.

INTENDANT.
M. LÉTANG.

1ʳᵉ BRIGADE.

Commandant la brigade : colonel FOERSTER.

20ᵉ bataillon de chasseurs à pied : commandant HECQUET.

69ᵉ régiment ⎧ 1ᵉʳ bat. du 43ᵉ, comᵗ. PERRIER. ⎫ lieut.-colonel
de ⎨ 2ᵉ id. comᵗ. PELTEY. ⎬ PASQUET
marche. ⎩ Bat. d'inf. de mar. cᵗ. BRUNOT. ⎭ DE LABROU.

44ᵉ régiment ⎧ 1ᵉʳ bat. Cᵗ (pʳ intérim) CHAMBON ⎫ lieutenant-
de mobiles ⎨ 2ᵉ id. Cᵗ Do. ⎬ colonel
du Gard. ⎩ 3ᵉ id. Cᵗ (pʳ intérim) BOURNE, ⎭ LEMAIRE.

2ᵉ BRIGADE.

Commandant la brigade : colonel DE GISLAIN.

18ᵉ bat. de chasseurs à pied : C¹ par intérim PICHAT.

72ᵉ régiment de marche.
- 1ᵉʳ bat. du 91ᵉ com. PHILIPPOT
- 2ᵉ id. com. FRÉMIOT.

lieutenant-colonel DELPECH.

** régiment de mobiles (Somme et Marne).
- 4ᵉ bat. Command¹ HURÉ.
- 4ᵉ id. (bis) C¹ BOUILLY.
- 3ᵉ bat. C¹ DE BREUIL.

lieutenant-colonel DE BROUARD.

ARTILLERIE.

Commandant : CHATON.

Batterie de 4 : capitaine BEUZON.
Batterie de 4 : capitaine MARX.
Batterie de 12 : capitaine BEAUREGARD.

GÉNIE.

Une compagnie : capitaine GRINAULT.

25ᵉ CORPS.

Commandant : général PAULZE D'IVOY.

ÉTAT MAJOR GÉNÉRAL.

Chef d'état-major général : lieutenant-colonel MARCHAND.
Sous-chef : id. chef de bat. BENOÎT DE LAUMONT.

ARTILLERIE.

Commandant : chef d'escadron GRANDMOTTET.

GÉNIE.

Commandant : chef de bataillon **Allart**.

INTENDANT.

M. **Joba**.

PRÉVÔTÉ.

Capitaine : **Bergeron**.

PAYEUR :

M. **Dibos**.

SERVICE DE SANTÉ.

Médecin en chef : docteur **Pappleton**.

TROUPES ATTACHÉES AU QUARTIER GÉNÉRAL.

2ᵉ Compagnie du génie : capitaine **Mangin**.

PREMIÈRE DIVISION.

Commandant la division : capitaine de vaisseau **Payen**.
Chef d'état-major : chef de bataillon **Jacob**.

PRÉVÔTÉ.

***

INTENDANCE.

M. **Lafosse**.

ARTILLERIE.

Capitaine : **Ravaud**.

1re BRIGADE.

Commandant la brigade : lieut.-colonel du génie MICHELET.
19e bataillon de chasseurs à pied : commandant WASMER.

48e régiment de mobiles (Nord)
- 7e bat. Comm^t. PYOT.
- 8e id. C^t BILLON.
- 9e id. C^t VERNHETTE.

lieutenant colonel DEGOUTIN.

Régiment de fusiliers marins.
- 1er bat. C^t N.
- 2e id. C^t PARAYON.
- 3e id. C^t N.

capitaine de vaisseau GRANGER.

2e BRIGADE.

Commandant la brig. : capitaine de vaisseau : DE LAGRANGE.
24e bataillon de chasseurs à pied : comman^t DE NÉGRIER.
5e bataillon des mobilisés du Pas-de-Calais : C^t RAVAUX.

65e régiment de marche.
- Un bataillon du 65e. Command^t TAMISET.
- id. 33e. C^t D'AUGUSTIN.

47e régiment de mobiles du Nord.
- 4e bat. C^t PATOUX.
- 5e id. C^t MARCEBARNY.
- 6e id. C^t COLOMBIER.

lieutenant colonel LEBEL.

ARTILLERIE.

Commandant : N.

3e batterie du 15e : capitaine HALPHEN.

Batterie de la mobile d'Arras : capitaine DUPUICH.

4e batterie de mobile du 15e : capitaine DIEUDONNÉ.

DEUXIÈME DIVISION.

Commandant la division : général ROBIN.
Chef d'état-major : colonel ASTRÉE.

PRÉVÔTÉ.

Capitaine : Taillades.

INTENDANT.

M. Bohy.

1re BRIGADE.

Commandant la brigade : colonel Brusley.

1er bataillon de voltigeurs : commandant Foutrein

1er régiment de marche.
- 1er bataillon de la 1re légion des mobilisés du Nord.
- 2e bataillon id.
- 3e bataillon id.

lieutenant-colonel Loy.

2e BRIGADE.

Commandant la brigade : colonel Amos.

4e bataillon de la 5e légion : colonel Lacouture.

3e régiment de marche.
- 1er bataillon de la 3e légion.
- 2e id.
- 3e id.

lieutenant-colonel Chas.

4e régiment de marche.
- 5e bataillon de la 9e légion.
- 6e id.
- 7e id.

lieutenant-colonel Brébaud.

CAVALERIE.

Un escadron de mobilisés du Nord : capitaine N.
Un peloton du 7e dragons.

ARTILLERIE.

Commandant : DE SAINT-VILLEFRANC.

Une batterie de montagne :   capitaine MONTÉGUT.
Une batterie du Finistère :   capitaine BENOIT.
Une batterie de la Seine-Inférieure : capitaine N.

Telle est la composition de l'armée du Nord, qui, pensons-nous, a été une des meilleures de ce triste temps.

Qu'il nous soit maintenant permis d'examiner et d'apprécier les divers éléments qui la composaient. Je ne parlerai pas du général qui l'a commandée. « Grâce à ses talents ou à la « situation du territoire qu'il défendait, il a fait incontesta- « blement figure devant l'ennemi, à une époque où d'autres « armées, qui avaient un autre théâtre d'opérations à cou- « vrir et d'autres obstacles à surmonter, étaient moins favo- « risées. » Tel est le jugement que porte sur le général Faidherbe M. Jeannerod, ancien officier d'infanterie, que M. Gambetta nomma général de division avec mission d'organiser le camp de Saint-Omer.

L'état-major général se composait d'officiers d'élite, animés d'un dévouement sans bornes à leurs devoirs.

Les généraux de division et de brigade, les commandants des états-majors spéciaux se sont faits remarquer par leur coup-d'œil sûr, leur activité et leur valeur.

Le service religieux était assuré par les aumôniers divisionnaires auxquels étaient venus volontairement s'adjoindre plusieurs Pères Rédemptoristes, Dominicains, Jésuites, etc., etc. Chacun de ces aumôniers a donné sur le champ de bataille des preuves du dévouement le plus héroïque.

Indépendamment de l'artillerie divisionnaire, l'armée du Nord avait une réserve d'artillerie attachée au quartier général, comprenant six batteries. Ces batteries étaient en partie composées de pièces de 4 et de pièces de 12. Ces dernières, traînées avec facilité dans tous les terrains par de forts chevaux de la race boulonnaise et desservies pour la plupart par des marins, jouèrent un rôle décisif dans toute la campagne. C'est ce que déclara à Anvers, le consul de Prusse, à M. Deusy, maire d'Arras. « Vos pièces de 12, lui dit-il, nous ont fait un mal incroyable. »

L'armée du Nord pouvait donc mettre en ligne une centaine de canons. Ce qui faisait un peu plus de trois pièces par mille hommes. Nous ne croyons pas que nos troupes, à la bataille de Bapaume, se soient élevées à plus de trente-cinq mille hommes. Encore ces trente cinq mille hommes ne faisaient pas trente-cinq mille soldats; ils ne prirent même pas tous une part active dans cette journée glorieuse pour nos armes.

Notre cavalerie n'était guère nombreuse. Nous avions à peine deux escadrons de dragons et deux de gendarmes. Les uns étaient attachés à la prévôté, les autres s'acquittaient des divers services des états-majors, de sorte qu'il en restait très peu pour servir d'éclaireurs à l'armée. Néanmoins, malgré leur petit nombre, ils rendirent d'importants services.

L'infanterie se composait de plusieurs bataillons de fusiliers marins, de chasseurs à pieds, de régiments de ligne, de mobiles et de mobilisés. Les fusiliers marins, quoique naturellement peu habitués à la guerre en rase campagne, portèrent le courage jusqu'à l'héroïsme. Les bataillons de chasseurs et les régiments de marche, formés de jeunes recrues et d'anciens soldats tirés des dépôts ou échappés à nos désastres, se montrèrent à la hauteur de ceux qui combattirent à Reischoffen. A leurs têtes marchaient des officiers d'une grande énergie, la plupart évadés de Metz ou de Sedan, à qui on avait aussitôt donné de l'avancement. Les événements prouvèrent qu'ils le méritaient.

La garde nationale mobile, instituée par la loi du 1er février

1868, avait aussi pour commandants supérieurs des hommes qui ne le cédaient ni en courage ni en mérite à qui que ce soit; témoin le colonel du régiment du 48° de mobiles du Nord, M. Degoutin, qui, au combat de Béhagnies, sut inspirer à ses soldats une valeur au-dessus de tout éloge. Mais ils n'étaient pas toujours secondés par leurs officiers subalternes. C'est ce qui explique pourquoi tous les mobiles n'ont pas montré la solidité voulue. Quant aux mobilisés, ils rendirent, à l'exception de quelques bataillons, l'unique service de faire croire à l'ennemi que nous lui opposions des masses compactes et profondes.

Le génie militaire fut peu employé dans cette bataille. Il rendit néanmoins de grands services en fournissant aux divers états-majors de l'armée plusieurs officiers distingués tels que MM. Milliroux, Farjon, etc.

L'intendance fut l'objet de vives attaques de la part de l'opinion. Ces attaques ne devaient pas être dirigées contre elle, mais bien contre l'autorité civile qui s'était chargée de dépenser les ressources de chaque circonscription départementale en achats d'armes et d'effets de grand et de petit équipement. Toutefois, nous le disons à l'honneur du Comité de défense du Pas-de-Calais, nous n'avons jamais entendu formuler contre lui la moindre plainte. Il n'en fut pas ainsi de celui du Nord à qui l'on reproche d'avoir livré des fournitures d'une très-grande défectuosité. Qui n'a entendu parler des vareuses et des pantalons de mobiles et de mobilisés, dont le drap était ce qu'on appelle dans les villages du *pichou*, et de leurs souliers dont les semelles se composaient d'une feuille de carton ou de feutre entre deux tranches de cuir? Non, jamais troupes ne présentèrent un aspect plus délabré, jamais troupes n'eurent autant à souffrir du froid excessif de la saison et même des rigueurs de la faim.

Voici un témoignage des plus intéressants, c'est celui de M. Dibos, officier payeur de l'armée du Nord, devant le tribunal correctionnel de Lille :

« A Bapaume, épuisé de fatigues, après avoir fait le coup
« de feu, je regardais ce champ de bataille jonché de neige,
« couvert de mourants et de morts. Tout-à-coup, des cris,
« des gémissemens se sont fait entendre près de moi. J'a-
« vançai ; j'aperçus là un mobile à demi-nu, les vêtements
« en lambeaux et me disant : « J'ai froid !!! » Plus loin, un
« mobilisé aux pieds gelés, chaussés de souliers crevés avec
« semelles en feutre, en carton, en papier... C'était navrant !
« j'ai constaté, en une demi-heure, cinquante faits du même
« genre, tous horribles à voir. »

La justice saura punir d'une manière exemplaire les au-
teurs du dénûment où se trouvaient les mobiles et les mobilisés du Nord, après huit jours de marche.

Peut-être nos soldats eurent-ils aussi à se plaindre, de
temps en temps, de l'irrégularité dans les distributions de vivres. Mais quand on se rappelle les tristes circonstances où
nous nous trouvions, on conçoit très-bien que l'activité des
intendants n'ait pu toujours vaincre les difficultés qu'ils rencontraient. Le matériel était détestable ; les convois ne se
composaient plus de voitures spéciales que menaient des
soldats disciplinés ; tout avait disparu dans nos sanglantes
défaites. On fut obligé d'avoir recours à des charrettes de
réquisition, conduites par leurs propriétaires ou leurs domestiques. Or, ces charrettes, n'ayant qu'un petit volume de
chargement, étaient très-nombreuses et rendaient par là
même les trains très-longs et très-encombrants pour les
routes. Les chevaux, épuisés par la rigueur du froid et mal
ferrés, s'abattaient à chaque instant sur le verglas. Est-il
surprenant que, dans des circonstances si anormales, l'intendance ait été parfois impuissante à pourvoir à tous les
besoins de nos soldats en campagne.

Telle est cette armée du Nord qui, créée et organisée en
quelques mois, remporta la victoire de Bapaume.

Mais pourquoi les mobiles et surtout les mobilisés n'ont-ils pas été, à part plusieurs exceptions honorables que nous aimerons à signaler, égaux en courage, en discipline à l'armée active? Cela tient à plusieurs causes qu'on nous permettra d'indiquer :

1° Les mobiles, privés de chassepots, n'avaient aucune confiance dans leurs fusils à tabatière, qui donnaient à l'ennemi 500 mètres d'avance et ne procuraient même pas la rapidité du tir, à cause des accidents fâcheux pendant l'action. Les armes des mobilisés du Nord étaient encore de plus mauvaise qualité. C'étaient des fusils de toute longueur et de tout calibre, dont les bois étaient vermoulus pour la plupart et dont les platines ne jouaient pas (1). Les vêtements et l'équipement des mobilisés étaient aussi trop défectueux pour que ces jeunes gens ne se laissassent pas aller au découragement. Qu'on le sache bien, il suffit d'un rien pour abaisser ou relever le moral de l'armée française.

2° Ils pouvaient bien connaître les mouvements que l'on est obligé d'exécuter un jour de combat ; mais ils n'avaient pas reçu en général cette éducation militaire, cette assimilation intime de tout l'être au devoir ou à la discipline. Si deux ans de séjour au régiment, en temps de paix, sont exigés par les praticiens pour que le soldat, pénétré de l'esprit de corps, soit formé au maniement des armes et à l'habitude des exercices, que pouvait-on attendre des mobiles et surtout des mobilisés qui étaient à peine depuis deux mois sous les drapeaux ?

3° Il n'y a pas d'armée sans discipline ; il n'y a pas de discipline sans le respect de l'autorité. Mais toute autorité, pour être respectée, doit exercer un certain prestige. Or, quel prestige pouvaient-ils avoir ces officiers élus par leurs soldats dont ils étaient les compatriotes et avec lesquels ils avaient partagé les amusements de l'enfance et les plaisirs de la

---

(1) Extrait de l'acte d'accusation du procureur impérial.

jeunesse. Faire les bons enfants, c'est-à dire fermer les yeux sur les infractions aux règlements, fut une condition souvent imposée à la plupart pour être maintenus dans leur grade. On ne doit pas l'ignorer, l'élection des officiers par leurs troupes est incompatible avec la discipline.

Faut-il s'étonner du peu d'ardeur qu'elles ont montrée à la défense du pays, ces milices de la dernière heure, tirées tout-à-coup d'un repos qui semblait leur être assuré? La plupart des mobiles et des mobilisés ne s'étaient-ils pas endormis dans la pensée que, l'âge de la conscription passé ou l'exonération payée, ils étaient à jamais quittes de toute dette envers la patrie? Leur vie passée dans la satisfaction de leurs désirs, dans la liberté la plus entière laissée à leurs caprices, n'était-elle pas en opposition absolue avec la carrière militaire qui est toute d'abnégation, toute de sacrifice?

En examinant ces causes fatales qui ont rendu un si grand nombre d'hommes peu redoutables à l'ennemi, comment ne sentirait-on pas le besoin d'une nouvelle organisation de l'armée. Ou il faut supprimer la guerre, ce qui serait désirable, mais ne paraît guère possible avec le voisinage de la Prusse toujours menaçante, ou il faut la subir avec toutes les chances de succès. Et comment? En opposant aux masses aguerries des Allemands des armées nombreuses, bien armées, bien équipées, bien commandées, munies d'une forte artillerie et surtout retrempées par la pratique des devoirs religieux; en astreignant tous les Français à quelques années de service militaire. Les exceptions à maintenir ne doivent pas être en faveur de l'aristocratie d'argent. L'impôt du sang est juste lorsque tout le monde y est soumis. Ce n'est plus alors le pauvre qui va se faire tuer parce qu'il est de la chair à canon, c'est le Français qui défend sa patrie.

La noble profession des armes, si avilie par certains démagogues, redeviendra un honneur dans notre belle France, et nous pourrons rapatrier, dans un avenir plus ou moins prochain, nos vieilles provinces perdues par l'incurie de ceux qui nous ont gouvernés.

DEUXIÈME CHAPITRE.

Bataille de Pont-Noyelles. — Mouvement rétrograde de l'armée française. — Une grande partie passe à Bapaume. — Empressement des habitants à loger nos soldats. — Accident signalant le départ de l'artillerie. — Entrée des Prussiens. — Consternation de la ville. — Occupation des environs par l'ennemi. — Le gendarme Josselin. — Mesures prises par les Prussiens pour leur sécurité personnelle, leur logement et leur nourriture. — Leur appétit dévorant. - Plus de pain à Bapaume. - La foule à l'Hôtel-de-Ville. — Réquisitions continuelles à Haplincourt, à Ervillers, à Boyelles, etc. - Les bandes d'infirmiers. — Le prétendu droit de la guerre. — Actes de barbarie. — Cercle de fer pour les habitants. - Système d'intimidation des Allemands — Leur vigilance extrême. — Leur organisation : infanterie, cavalerie, artillerie. — Discipline excessivement sévère. — Bombardement de Péronne. — Hardiesse des éclaireurs. — Orgie des Prussiens. — Langage apostolique de M. Cornet.

Le général en chef de l'armée du Nord, apprenant que l'armée allemande, sous les ordres de Manteuffel, occupait Rouen et menaçait le Hâvre, crut qu'il était nécessaire de faire une puissante diversion pour sauver le second port du commerce de France. Il se dirigea, en passant par Bapaume, vers Saint-Quentin et se rabattit ensuite sur Amiens. Le général Manteuffel, alarmé de ce mouvent inattendu de l'armée du Nord, arrêta momentanément sa marche en avant, et se porta à la rencontre des Français qui s'étaient établis dans d'excellentes positions sur la rive droite de la Somme. Une bataille s'engagea à Pont-Noyelles ; elle fut tout à l'avantage de nos armes. Toutefois, plusieurs villages que nous avions enlevés furent repris, à la faveur de la nuit, par les forces prussiennes grâce à l'inexpérience et à la fatigue des jeunes troupes qui devaient les garder.

Malgré cet incident, on se considéra comme victorieux, et l'on constata la victoire en couchant sur le champ de bataille, bien qu'il fît un froid de dix-huit degrés : point de de bois pour faire du feu ; pour toute nourriture, un morceau de pain gelé.

Le lendemain, au jour naissant, l'armée française se mit en ligne et offrit la bataille. Les Prussiens se gardèrent bien de l'accepter. Mais ils manœuvrèrent de manière à nous tourner avec les renforts qu'ils recevaient à chaque instant.

Le général en chef, soupçonnant le dessein de l'ennemi, et eu égard à l'extrême rigueur de la température, donna, vers deux heures, l'ordre de se retirer sur Arras et Douai, afin que les troupes pussent prendre quelques jours de repos dans de bons cantonnements. Le cantonnement est le logement chez les particuliers ; le bivouac est le coucher en plein air, ordinairement autour de grands feux.

L'ennemi n'inquiéta pas l'armée française dans sa marche rétrograde ; il se contenta de ramasser les soldats qui ne voulaient ou ne pouvaient pas suivre. C'est ainsi qu'il fit une cinquantaine de prisonniers à Le Sars et une trentaine à Martinpuich, etc. S'il nous avait attaqués, il nous eût été bien difficile d'opposer une résistance sérieuse. Tout le long de la route, une longue file de trainards marchaient en désordre à côté des colonnes qui, quoique assez compactes, ne présentaient pas toutefois l'aspect d'une organisation bien parfaite. Si les Français savent marcher en avant, ils savent difficilement battre en retraite.

Une grande partie de l'armée passa à Bapaume. Les mobilisés du Nord arrivèrent dans la ville au moment où l'on se disposait à aller à la messe de minuit. Ils furent bientôt suivis des mobiles. Le bruit insolite causé par le piaffement des chevaux et le roulement des voitures fit aussitôt sortir de leurs maisons la plupart des habitants qui, tout effarés, apprirent la marche en arrière de notre armée.

Rien de triste et de navrant comme le spectacle offert par nos soldats. Ils étaient tous harassés, épuisés de fatigue, crispés par le froid intense, et dévorés par la faim.

Bientôt arrivèrent les charrettes amenant les blessés. Ces malheureux pâles, hâves, engourdis par le froid, l'œil sombre et presque éteint, semblaient attendre tranquillement la mort. On les transporta immédiatement à l'hôpital où ils reçurent tous les secours que réclamaient leurs graves blessures.

Malgré l'heure avancée, les habitants s'empressèrent de loger, de nourrir, de réchauffer nos soldats. Telle maison en reçut dix, telle autre vingt, telle autre cinquante. C'est à peine si l'on peut signaler quelques exceptions.

Personne n'ignore combien est dangereux le transport des obus. Le moindre choc, le plus petit va-et-vient peut les faire éclater. C'est ce qui arriva, dans la matinée du 25, au faubourg d'Arras, lorsque partait l'artillerie des mobiles. Sept de ces engins terribles éclatèrent, et leurs fragments tuèrent un conducteur, deux chevaux et détruisirent plusieurs bâtiments.

Les chasseurs et les fusiliers marins, formant l'arrière-garde, arrivèrent dans la journée. Le soir, un officier, causant avec un bourgeois, lui disait : « Les Prussiens nous suivent de très-près, demain vous les aurez »

Le lendemain, dès qu'il fit jour, plusieurs habitants montèrent sur le donjon et aperçurent les premiers uhlans sur la route d'Albert, à la hauteur de la route de Grevillers à Tilloy. Quels hardis et prudents éclaireurs, que ces uhlans dont la réputation est légendaire dans cette malheureuse campagne,

Ils se divisèrent pour explorer tous les chemins et demander, sous menace de mort, aux personnes qu'ils rencontraient, si les troupes françaises étaient encore à Bapaume. Aussitôt qu'ils eurent recueilli les renseignements qu'ils désiraient, ils se réunirent et s'avancèrent avec intrépidité jusqu'à la jonction de la route d'Albert à celle d'Arras. C'est alors qu'une clameur étrange, exprimant tout à la fois la tristesse et l'épouvante se répandit dans toute la ville : « Les Prussiens ! les Prussiens ! » En un clin d'œil, les maisons, les magasins, les ateliers furent fermés.

Après la formation de leurs postes avancés vers le nord de Bapaume, les uhlans, la carabine au poing, s'avancèrent dans la ville (26 décembre 1870), vers midi. Les uns se tiennent en bataille à l'entrée des principales rues, les autres les parcourent sans cesse au galop de leurs chevaux.

A peine deux heures étaient-elles écoulées qu'arriva la partie de l'armée allemande qui suivait le 23e corps. On peut en évaluer la force à 12,000 hommes environ. Le général commandant envoya aussitôt de très-forts détachements envahir les villages environnants.

Avesnes-lez-Bapaume eut à loger 1,000 hommes.

Bancourt : 500 appartenant au 48e et 60e régiment d'infanterie.

Béhagnies : deux postes avancés de 60 hommes.

Bihucourt : le 8e hussard royal, artillerie et fantassins.

Favreuil : 1,500 hommes du 28e de ligne et le 3e escadron du 3e hussards.

Frémicourt : 1,800 hommes du 68e et 300 hussards.

Le Transloy : 500 hussards de la garde, une batterie du 8e d'artillerie.

Martinpuich : 1,800 hommes du 8e corps d'armée.

Morval : 800 uhlans.

Riencourt : quelques compagnies.

Sapignies : 1,300 fantassins et 300 hussards.

Warlencourt : 800 hommes du 8e chasseurs.

Le général lança quelques pelotons de cavalerie sur la route de Douai pour faire main basse sur les trainards, qui baguenaudaient à Beugnâtre comme si l'ennemi n'eût pas été à leur suite.

Vers midi, deux gendarmes de la brigade de Péronne vinrent demander à M. Huret, maire de cette commune, une voiture pour conduire à Arras plusieurs mobiles qui devaient passer au conseil de guerre de Lille, comme coupables d'insoumission. En attendant le véhicule, ils étaient allés diner au cabaret Corrette, sur la route de Douai, lorsque tout-à-coup on cria : « Voici les Prussiens ! voici les Prussiens ! »

Un des gendarmes prend la fuite avec les mobiles ; l'autre, appelé Josselin, saisit sa carabine, sort de la maison et se place sous le ventre de son cheval. Un des éclaireurs ennemis l'aperçoit et fond sur lui, son révolver à la main, répétant : *Capout ! capout !* Notre brave gendarme ne perd pas un instant son sang froid, suit tous les mouvements du Prussien, l'ajuste et lui envoie une balle dans le côté droit. Celui-ci s'affaisse immédiatement sur le cou de son cheval qui s'enfuit au galop. Les deux autres rejoignent au plus vite leurs camarades qui, au nombre de 18, se trouvaient à l'entrée du village, près du Calvaire. Ils se retirent tous sur Bapaume avec leur blessé. Chemin faisant, ils rencontrent sur la route un jeune homme d'Écourt-Saint-Quentin, qui, avec sa sœur, se rendait en voiture dans cette ville. Arrêter le jeune homme, forcer la sœur plus morte que vive à descendre, la renvoyer brutalement à Beugnâtre, en lui disant : « Village brûlé ! village brûlé ! » n'est que l'affaire d'un moment. Ils détachent ensuite de son cheval leur camarade mourant (tous les éclaireurs prussiens sont liés), le mettent sur la voiture et le font conduire à Bapaume, où il expire à son arrivée.

L'exaspération des Prussiens contre Beugnâtre fut à son paroxisme. Le lendemain, vers neuf heures, le 28ᵉ de ligne le livra au pillage. Le soir, 80 hussards revinrent faire une enquête sur ce qui s'était passé la veille, à la porte de Corrette. Celui-ci fut forcé de se mettre sous le ventre du cheval du commandant pour montrer tous les mouvements qu'avait faits le gendarme.

Ils dirent, en partant : « Le village ne sera pas brûlé, mais il souffrira beaucoup. » Hélas! ce ne fut que trop vrai.

Le reste de l'armée prussienne, qui s'avançait sur les routes de grandes communications d'Amiens à Arras, à la suite de l'armée française, envahit, le 26 décembre, les communes d'Hanescamps, Puisieux, Douchy, Bucquoy. Ce bourg dut loger 5,000 hommes composés d'infanterie, d'artillerie, de cavalerie avec l'état-major du général von Gœben.

Ayettes : 3,000 hommes, tant fantassins et cavaliers qu'artillerie.

Douchy : 2,500 hommes.

Hanescamps : 2,000 hommes des 43e, 47e et 78e, et de quelques centaines de uhlans et hussards.

Puisieux : le 69e de ligne.

Achiet-le-Petit : 400 hommes du 48e et 300 cuirassiers blancs.

Ablainzevelle : 2,700 hommes avec 800 chevaux et 40 canons.

Courcelles-le Comte : 2,000 hommes.

Gomiecourt : 500 hommes du 70e et 200 cavaliers avec une ambulance.

Achiet : 2,000 hommes, un escadron de hussards et deux batteries d'artillerie.

A leur arrivée dans ce village, les hussards qui servaient d'éclaireurs se dirigèrent immédiatement sur la gare du chemin de fer. Une locomotive était sur le point de prendre un train composé de voyageurs et de marchandises : les balles qui sifflaient aux oreilles du mécanicien ne lui permirent pas de l'emmener. Il put toutefois s'échapper avec sa machine, laissant un grand nombre de wagons qui devinrent la proie de l'ennemi. Une section d'ouvriers allemands de chemin de fer arriva bientôt, démonta les rails et brisa le reste du matélier.

Les ennemis trouvèrent à la gare environ 800 tonnes de charbon. Comme le froid était intense et que la plupart des maisons où ils logeaient, manquaient de combustible, ils s'empressèrent de les distribuer aux habitants d'Achiet et des communes voisines, afin de pouvoir ainsi se garantir du froid. Ici, comme partout, leur libéralité n'était que de l'égoïsme.

A peine maîtres de Bapaume, les généraux prussiens manifestèrent leur autorité par une série d'actes, soutenus presque toujours par les menaces les plus rigoureuses. L'organisation allemande est tellement méthodique, tellement uniforme, qu'en parlant de ce qui s'est passé à Bapaume, nous aurons dit aussi ce qui est arrivé dans les communes circonvoisines.

L'édilité fut constituée en quelque sorte en permanence pour être, à tout instant, sous la main des généraux ennemis et pour répondre de la soumission des habitants.

Le combustible du gazomètre, ne pouvant être renouvelé, fut bientôt épuisé. Le commandant de place donna l'ordre d'éclairer les fenêtres pendant la nuit, et de tenir les maisons ouvertes dans la journée, sous peine d'une contribution quotidienne de 2,000 francs. Il enjoignit aussi de remettre, dans un délai très-court, les armes de toute nature et de toute valeur ; fusils de chasse et de munition, épées rouillées, vieux sabres, tout fut apporté sur la place et livré aux Prussiens qui les brisèrent. Ils forcèrent plusieurs passants à ramasser tous ces débris et à les amonceler dans un horrible pêle-mêle ; ils y mirent le feu, et s'y chauffèrent pendant la nuit, en chantant des airs patriotiques inspirés par la haine du nom français.

Dans certaines communes, ils défendirent même de sonner

les cloches et interdirent au crieur public l'usage du tambour.

Tout en prenant ces mesures qui garantissaient la sécurité de leurs troupes, les généraux imposaient aux habitants l'obligation de les loger. Le logement se fit militairement à Bapaume comme dans presque toutes les communes. Un fourrier inscrivait sur les portes avec de la craie les numéros des régiments et des compagnies, le chiffre d'officiers et de soldats qu'il attribuait à chaque maison, d'après les dimensions apparentes. Celle-ci en reçut vingt, celle-là cinquante, une autre cent, auxquels il fallait donner de quoi se coucher. A peine laissait-on à chaque famille une chambre pour s'y réfugier, et de quoi se couvrir pendant la nuit. Deux officiers du 8e d'artillerie enlevèrent chez M. Pajot-Poteau, sur le lit de sa dame et de sa demoiselle, les deux seules couvertures qui leur restaient.

Un habitant parvint à s'exonérer du logement prussien en usant du stratagème suivant. Lorsque les Allemands indiquaient sur la porte de sa maison le nombre d'hommes qu'il devait héberger, il faisait coucher dans la pièce d'entrée sa femme qui simulait aussitôt la danse de saint Guy. Les contorsions de ses membres et de sa figure jointes à ces paroles : « Madame fort malade, Madame atteinte de variole, » faisaient à l'instant sortir tous ceux qui entraient.

Quelques habitants, d'un patriotisme trop peu réfléchi, essayèrent de fermer les portes de leur maison ; elles furent bientôt brisées à coups de crosse de fusil. Malheur encore à ceux qui eurent la funeste pensée d'abandonner leur demeure ; ils ne trouvèrent, en y rentrant, que dégâts et ruines ; le linge, le mobilier avaient disparu ; beaucoup d'objets avaient été brisés pour le seul plaisir de la destruction. Il n'en était pas ainsi dans les maisons où se trouvait un maître d'une condition sociale un peu élevée : l'ordre y était rarement troublé.

La cavalerie se logea à la caserne, dans les faubourgs

d'Arras, de Péronne, à Avesnes et à Saint-Aubin. Les Prussiens après avoir malmené le maire de Favreuil, qui ne pouvait accéder à leurs désirs, s'emparèrent de ses écuries, y mirent leurs chevaux à la place de tous les bestiaux qu'ils chassèrent brutalement dans la cour.

Ce qu'il y eut d'avoine dans les greniers des cultivateurs, de foin et de paille dans leurs granges, tout fut bientôt consommé. A ces pertes matérielles si considérables s'ajoutait encore la crainte de voir leurs habitations devenir à chaque instant la proie des flammes. Les cavaliers allemands allaient et venaient dans les granges et les écuries avec des chandelles allumées, y fumaient leurs cigares avec une insouciance toute germanique. Un incendie se déclara au faubourg d'Arras chez M. Provins. On parvint bientôt à l'éteindre.

Le lendemain de leur arrivée, les généraux ennemis voulant remonter leur cavalerie, donnèrent l'ordre d'amener sur la place, sous les peines les plus graves, tous les chevaux de Bapaume. Après un examen accompagné de plaisanteries plus ou moins injurieuses, ils en choisirent une trentaine des plus beaux et renvoyèrent tout le reste.

Il ne suffisait pas de loger les Prussiens, il fallait encore les nourrir.

Les officiers faisaient requérir à la Mairie, pour eux et leur maison, vin, café, liqueur, etc., et tous les aliments de première qualité. Leurs intendants venaient, chaque matin, exiger le menu du jour et s'emportaient violemment lorsqu'on ne pouvait satisfaire à leurs demandes.

Les officiers subalternes et les soldats se nourrissaient aux dépens des bourgeois chez lesquels ils demeuraient. Ils étaient d'assez bonne composition à l'égard de ceux qui leur fournissaient d'une manière convenable et abondante ce qu'ils désiraient; mais refusait-on de condescendre à leurs désirs, ou paraissait-on les satisfaire en maugréant, ils s'emportaient, brisaient tout ce qui leur tombait sous la main, maltraitant les personnes, se portant sur elles à des actes de violence et répétant sans cesse leur éternel *capout !*

Quand ils avaient épuisé les provisions de leurs hôtes, ils se répandaient chez les marchands de comestibles et d'épicerie, où ils prenaient tout ce qu'ils trouvaient à leurs goûts. Les basses-cours n'échappaient pas à leur vandalisme ; elles furent toutes entièrement ravagées. On ne voyait çà et là dans les rues de la ville et des villages occupés, que têtes de poules, de coqs, d'oies, de canards, etc.

Veut-on se faire une idée de l'appétit dévorant de nos ennemis ? ils entassaient dans des marmites viande sur viande, volaille sur volaille. Quand le tout était presque réduit à l'état de consommé, ils le mangeaient avec une voracité répugnante. Il leur fallait aussi presque toujours une quantité considérable de pommes de terre. Leur manière de prendre leur nourriture ne mérite point de figurer dans la civilité honnête et chrétienne.

A peine avaient-ils fini un repas qu'ils préparaient le suivant, de sorte que, le feu étant toujours occupé, les habitants ne pouvaient rien faire cuire pour eux. Ils furent même souvent forcés par la faim à partager les aliments de leurs ennemis.

Dès leur arrivée à Bapaume, les Allemands avaient placé des sentinelles à la porte des boulangeries, avec défense rigoureuse de laisser délivrer du pain aux habitants, le réservant totalement pour l'armée. Aussi beaucoup de familles restèrent pendant plus de vingt-quatre heures sans en avoir aucun morceau, et furent même privées de toute autre nourriture. Les petits enfants demandaient en pleurant : « Maman, du pain ! du pain ! je veux du pain ; » et la pauvre mère n'en avait pas à leur donner. L'eau même manquait ; les Prussiens s'étaient emparés de la fontaine : ils écrivirent sur plusieurs puits : *accès interdit.*

Une foule d'hommes, de femmes, d'enfants le visage pâle

et amaigri, vinrent, le troisième jour de l'occupation, assaillir l'Hôtel-de-Ville : en criant : « Du pain! du pain! il nous faut du pain. » Le Maire calma les esprits aigris par la souffrance en leur promettant qu'il allait immédiatement aviser à leur en procurer. De leur côté, les Prussiens étaient exaspérés contre les boulangers qui, ne recevant absolument rien, ne voulaient plus faire aucune cuisson. La municipalité convint avec les généraux ennemis qu'elle se chargerait, à dater du 30 janvier, de l'alimentation nécessaire à l'armée d'occupation. La quantité fut ainsi fixée : Un kilo de pain et un hecto de viande par homme. Le sel, la bière, l'eau-de-vie, le vin, etc., continueraient à être fournis par les habitants. Quant au tabac, l'ennemi l'avait requis et consommé, dès le premier jour de l'occupation.

La ville eut aussi à fournir à l'alimentation des chevaux. Ce fut réquisitions sur réquisitions d'avoine, de trèfles, de foin, de paille. Le 29, la ville venait de fournir 1,733 kilos d'avoine, lorsqu'un officier se présenta à la mairie et donna l'ordre d'en livrer de nouveau, dans une heure, 1,500 kilos. Ce temps écoulé, l'Allemand reparaît : « La réquisition est-elle faite ? » demande-t-il avec insolence. En vain, lui fait-on remarquer que dans l'épuisement où l'on se trouve, on ne peut en procurer que 1,350. « Eh bien! s'écrie-t-il avec emportement, vous avez dix minutes pour compléter la réquisition. Sinon, malheur ! le maire, les deux adjoints et le secrétaire seront emmenés en ôtages. » De tous les officiers de l'armée allemande, les intendants sont ceux qui ont montré, dans leurs rapports avec les malheureuses municipalités, une raideur qui allait parfois jusqu'à la brutalité, toujours jusqu'à la menace.

Un des adjoints se mit immédiatement à la recherche de ce qui manquait. En le voyant si triste, si abattu, M. Darras lui demanda la cause du découragement qui se peignait sur son visage. Aussitôt qu'il en fut instruit : « Entrez, lui dit-il, j'ai encore quelques sacs d'avoine dans une cachette, je vous les donnerai. » Cet acte généreux empêcha les menaces d'avoir leur exécution. Et cette avoine, que l'on se procurait avec tant de peine, se perdait souvent en longues traînées le long des rues, sur les places publiques, comme si nos ennemis eussent voulu insulter davantage à nos malheurs.

L'armée allemande avait besoin de nombreuses voitures pour transporter ses bagages ; à chaque instant elle prenait toutes celles qu'elle trouvait. Combien de chariots brisés dans les convois, de chevaux exténués de fatigue ; combien d'hommes mal nourris, obligés de coucher sur leur voiture par un froid rigoureux, et assujettis pendant huit à quinze jours à ce régime qui a causé la mort à plusieurs d'entr'eux ! Parlerons-nous de mille autres réquisitions : cuirs pour les chaussures et les harnais, fer et clous pour les chevaux, lainage et draps pour l'habillement des hommes, charbon pour le chauffage, bougies, huile, pétrole pour l'éclairage de tous les services, papier, enveloppes, cire et jusqu'aux pains à cacheter pour les bureaux, tout fut prélevé sur la ville et sur les campagnes.

Mais les réquisitions dans les villages non occupés par l'ennemi n'étaient pas toujours faites par le maire. C'était alors la force qui prenait ce qu'elle voulait. N'est-ce pas ce qu'attestent les communes de Mory, Brefvillers, Hamelincourt, Hébuterne, Bienvillers-au-Bois, Foncquevillers, Monchy-au-Bois, Bus, Barastre, Havrincourt, etc., etc.

Entrons dans quelques détails. Le 27, les Allemands arrivent à Haplincourt en criant : « Château ! curé ! château ! curé ! » Cette clameur indiquait assez leur intention. Ils se précipitent dans le presbytère au nombre d'une cinquantaine, sous la conduite de plusieurs officiers qui, d'un ton brutal et menaçant, font ouvrir les portes de toutes les armoires. Ils descendent dans la cave. Les officiers boivent, les soldats bien plus encore. A moitié ivres, ils placent sur un chariot les provisions de toute espèce, pains, sucre, café, vins et eau-de-vie. Ils chargent encore un autre chariot de toutes sortes de denrées et de boissons qu'ils trouvent au château. Partout ailleurs ils se contentent de ne prendre que du pain. Vers midi, ils retournent à Bapaume. Tous les jours suivants, ils revenaient à Haplincourt, enlevaient des vaches et des porcs, et emportaient tout ce qu'ils trouvaient de farine et d'avoine.

Ervillers n'échappa pas aussi à leurs réquisitions : le 27 décembre, plusieurs colonnes d'infanterie, accompagnées de chasseurs à cheval, se répandirent sous prétexte de rechercher les armes dans toutes les maisons et enlevèrent tout ce qui leur plut.

Pendant les quarante-huit heures que dura leur séjour, ils gardèrent sévèrement à vue plusieurs notables habitants du village, les menaçant de les fusiller s'ils faisaient la moindre tentative pour s'échapper.

Boyelles n'était pas mieux traité. Le 30 décembre, les Allemands le pillèrent pendant cinq heures et emmenèrent 4 vaches, 2 porcs gras, 6 sacs de farine, 500 bouteilles de vin, un tonneau de cognac, 25 hectolitres d'avoine, beaucoup de couvertures. Le 1er janvier, ils prirent une vache, 2 porcs gras, 100 pains, 200 bouteilles de vin, 28 hectolitres d'avoine, trois sacs de farine, etc. Courcelles s'est vu aussi d'un seul coup enlever cinquante-sept chevaux.

Derrière l'armée prussienne marchaient encore des bandes de soi-disant infirmiers, porteurs du brassard à croix rouges beaucoup trop libéralement distribué ; ces hommes s'abattaient sur les villages envahis et se faisaient redouter par leur arrogance, leurs mauvais procédés et leurs rapines. Ils commettaient ainsi leurs vols à l'abri de la convention de Genève. Ils arrivèrent un jour à Bihucourt. Déjà ils étaient entrés dans la cour qui précède l'habitation de M. Yvains et parlaient de la livrer au pillage. Mais ce Monsieur, qui comprenait l'allemand, fit bonne contenance. Son énergie les déconcerta.

Épuiser les ressources matérielles du pays, agir sans cesse par la menace des peines les plus draconiennes, tel est le système qu'a toujours suivi l'armée prussienne avec la conviction intime que la guerre ne peut se faire autrement. Quand on en faisait le reproche aux officiers les mieux élevés, ils vous répondaient : « Que voulez-vous, c'est le droit de la guerre. » Et puis venait sur-le-champ un souvenir local, un souvenir presque personnel des exactions tyranniques de nos armées depuis Hoche jusqu'à Davoust. Aussi plusieurs, poussés par un sentiment de vengeance ou aigris par les dangers qu'ils couraient à chaque instant, se laissèrent-ils aller au meurtre et à l'assassinat. Un mendiant d'Ayette, à moitié idiot, portait un képi et une vareuse de marin : « Vous, franc-tireur? » lui dirent quelques uhlans. « Non, non, pas franc-tireur. » Malgré ses dénégations, ils veulent l'emmener avec eux. Comme l'infortuné refusait, ils lui tirent un coup de révolver dans la tempe et l'étendent raide mort. — Un habitant de Mory qui ne voulait pas suivre à Bapaume quelques dragons, eut quatre doigts coupés d'un coup de sabre. — « Travaillez-vous pour le roi de Prusse ? » demandait un jeune homme de Lesbœuf, à un maréchal qui ferrait les chevaux de plusieurs hussards. A ces mots, l'officier du détachement s'emporte, le traite d'insolent et le transperce de part en part.

Il y eut aussi, près de Beugny, une autre victime de la cruauté allemande. Plusieurs cavaliers escortaient jusqu'à Bapaume un tombereau chargé d'armes. Arrivés à Beugny, ils entrèrent dans un cabaret. Le conducteur, qui ne désirait pas aller plus loin, profite de cette circonstance pour faire rebrousser chemin à son cheval par la route de Morchies. Puis il rentre dans le cabaret, sort dans la cour et regagne son village à travers la plaine. Les Prussiens ne tardent pas à s'apercevoir de la disparition de la voiture ; ils s'élancent sur leurs chevaux et atteignent bien vite une autre charrette qui s'avançait sur la route de Cambrai. Prenant le conducteur pour celui qui venait de s'esquiver, ils lui assènent sur la tête plusieurs coups de sabre et le laissent sans vie à 150 mètres du village.

C'est ainsi qu'à la guerre faite aux soldats ils répondaient par la guerre faite aux gens inoffensifs que devait suffisamment protéger le droit des gens. Mais ce droit pouvait-il encore exister pour les soldats de Bismark qui admet ce principe faux et barbare : *La force prime le droit ?*

Les Allemands tenaient les habitants de Bapaume et des environs enfermés dans un cercle de fer qui naturellement produisait cette sombre maladie qu'on appelle nostalgie. En pleine France, être sans nouvelles de la France ; plus de journaux, plus de lettres, plus de relations. Il était, en effet, impossible de franchir les lignes prussiennes. Quiconque l'eut tenté, était soupçonné de trahison et puni aussitôt de mort. « Halte-là ! » criait dans un langage moitié français et moitié germain une sentinelle à un habitant de Beaucourt, qui voulait sortir de son village. Soit que cet infortuné n'eut pas compris, soit qu'il n'eût pas entendu, il continua à marcher ; une balle vint aussitôt le jeter par terre.

Pour assurer leur sécurité personnelle, les ennemis employaient encore un système d'intimidation qui ne leur a que trop bien réussi. Toute commune était solidaire des actes d'hostilité ou de malveillance commis sur son territoire, soit que les coupables appartinssent à cette commune ou que le territoire ait servi à l'action incriminée. Un coup de fusil fut tiré un jour à Bertincourt ; on ne sut jamais par qui. Peut-être était-ce par un soldat allemand. Aussitôt ils accusèrent la commune de cacher quelques francs-tireurs, la rendirent passible d'une amende de mille francs, et emmenèrent à Amiens le maire comme ôtage.

Leur vigilance était extrême en toutes circonstances ; ils

poussaient les précautions jusqu'aux dernières limites tant à l'égard des troupes ennemies qu'envers les populations. Ils plaçaient des postes nombreux aux entrées principales des communes qu'ils occupaient, et interdisaient impitoyablement toute circulation. M. Waterlot de Béhagnies, se trouvant par hasard à Sapignies, ne put revenir chez lui qu'après mille pourparlers et un jour d'internement dans ce dernier village. Si M. Dupas, qui était venu à Frémicourt, put retourner à Beugny, ce ne fut qu'après plusieurs explications plausibles données au chef du poste ; encore ce dernier fut-il aussitôt sévèrement puni.

A la plus insignifiante alerte, les postes étaient immédiatement triplés, les sentinelles échelonnées sur toutes les routes, les consignes les plus rigoureuses données. Malheur au soldat en défaut : il était immédiatement puni de mort. Quelques jours avant le combat du 2 janvier, un officier trouva à Ervillers quelques sentinelles prises de boisson et à moitié endormies, il les fit pendre immédiatement aux arbres du pont de Béhagnies, sans autre forme de procès.

Les soldats et les officiers couchaient presque tous le pistolet sous la main et bougie ou chandelle allumée. Un rien éveillait chez eux les plus grandes appréhensions. Un capitaine, avec quatre domestiques, était logé chez les religieuses de Lesars. Une de ces religieuses, causant avec cet officier, tenait par distraction dans la main une balle que les mobiles avaient laissée dans l'école. Aussitôt que l'allemand eut aperçu ce projectile, il devint sérieux, son visage s'assombrit. Vous avez une balle qui m'est destinée, s'écria-t-il sévèrement, donnez-la-moi. Il lui fit aussitôt une foule de questions : — « Avez-vous logé des Français ? avez-vous des armes cachées ? etc., etc. » — En vain la religieuse, plus morte que vive, s'efforçat-elle de lui persuader qu'il n'avait rien à craindre chez elles ? Elle ne put vaincre sa défiance. En se retirant dans sa chambre il lui dit : « Mon révolver est toujours sur la table près de mon lit ; malheur à celui qui entrera, je ferai immédiatement feu. Et si c'est vous, ce sera la même chose. » — Il se mit ensuite à lui raconter que beaucoup d'allemands avaient été tués pendant la nuit, dans des maisons particulières, par des francs-tireurs qui s'y étaient cachés. — Le lendemain, la religieuse lui demanda en riant : « Eh bien, monsieur le capitaine, les francs-tireurs sont-ils venus ? — Non, ma sœur, » répondit-il d'un air sérieux.

Il manquerait un trait important au caractère des soldats ennemis, si l'on n'ajoutait que leur réserve envers les femmes n'a souffert aucune exception.

Dans notre siècle de persifflage et de dénigrement, on s'était beaucoup évertué à critiquer l'organisation des troupes allemandes. Les faits ont prouvé combien nous avions eu tort. On ne s'abaisse jamais en louant ce qui mérite de l'être, même chez ses ennemis.

La tenue de l'infanterie est simple, sans galons ; l'épaulette n'existe pas ; une patte seule porte le nom du régiment. Le casque à paratonnerre, si désagréable à l'œil, est léger et muni de deux ventilateurs. Les hommes n'ont au dos qu'un simple sac d'une médiocre dimension. Point de tentes à porter. Nos pères n'en avaient pas davantage sous Napoléon Ier. Tous les fantassins sont chaussés de bottes et paraissent s'en trouver bien.

Les cavaliers parfaitement montés ont plus de recherche et de variété dans les costumes qui ont parfois quelque chose de théâtral. Ils conduisent avec dextérité leurs chevaux qu'ils ne maltraitent jamais. Eclairer l'armée à de grandes distances, par des détachements successifs reliés entre eux ; former ainsi devant elle un rideau qui la dissimule, faire des reconnaissances hardies, détruire les chemins de fer et les lignes télégraphiques, saisir les correspondances, appuyer par la force les réquisitions, telle est la mission principale de la cavalerie. Aussi fut-ce toujours par la cavalerie que l'approche de l'armée fut annoncée, tantôt quelques heures seulement, tantôt un jour à l'avance. Ces détachements étaient composés avec tant de soin qu'ils n'hésitaient jamais sur la direction à suivre. Leurs connaissances topographiques surpassaient de beaucoup celles de nos soldats.

L'artillerie, qui est très-nombreuse et d'une précision extrême, est sévère et sans ornements. Ses attelages sont très-beaux et parfaitement harnachés.

Arrivées à l'étape, les troupes allemandes rompent les rangs, sur l'ordre de leurs chefs, se dispersent par escouades, en cas de logement militaire, sans faire le moindre bruit. Partent-ils de grand matin, ils s'éveillent réciproquement et surtout très-prestement. Un ordre donné d'avance les rassemble en quelques minutes au rendez-vous général. Chacun s'y rend dans le plus profond silence. Ils ne firent entendre qu'une seule fois les accents de leur clairon triste et mélancolique : c'était le jour du combat de Béhagnies. Il n'en est pas ainsi dans l'armée française : on sonne au major, au fourrier, à l'appel, etc. ; c'est sonnerie sur sonnerie. Outre l'inconvénient d'être ennuyeuses, ces sonneries servent à faire connaître à l'ennemi nos positions.

L'ordre silencieux, qui règne dans l'armée prussienne, tient tout à la fois au caractère de la nation et à la discipline de fer qui assure l'exactitude de toutes les parties du service.

La moindre négligence est punie par des coups de plat de sabre trop libéralement octroyés. Nous ne voudrions jamais qu'on traitât nos soldats comme un officier allemand traita un de ses subordonnés à Sapignies. Le malheureux, pour une légère faute, reçut dans la poitrine un tel coup de crosse de fusil qu'il chancela et blêmit : un moment on crut pour lui à l'impossibilité de se tenir debout. Oui, nous désapprouvons hautement ces actes de fureur et de brutalité ;

mais ce que nous désirons vivement pour nos troupes, c'est la force et la constance dans le commandement, c'est le sérieux et la justice dans la répression, c'est le respect exigé et maintenu avec sévérité, à tous les rangs de la hiérarchie militaire. Le manque de discipline a été et sera toujours la cause de nos plus grands désastres.

Les officiers allemands, les généraux même obéissent sans critique et sans murmure au chef qui dirige les opérations. Le devoir est partout accompli avec une précision et une ponctualité presque mécaniques.

Les soldats ont une confiance pleine et entière dans le courage et le talent de leurs officiers; ils savent très-bien que leur sang ne sera pas prodigué inutilement dans des actions aventureuses.

En retour de l'obéissance sans limite de leurs troupes, les officiers s'occupent activement de leur bien-être; les vêtements et les armes sont scrupuleusement inspectés et remplacés en temps nécessaire, et les distributions de vivres faites avec un soin extrême. Partout, quel que soit le moyen employé, le soldat est toujours certain de ne manquer ni de cartouches dans le combat, ni de nourriture, quand bien même le pays serait épuisé. Hélas! il n'en fut pas toujours ainsi pour nos troupes, pendant la durée de cette malheureuse guerre de 1870-1871.

Mais comment ces milliers d'hommes, séparés par les croyances religieuses et les souvenirs historiques, froids et calmes par caractère, pères de nombreuses familles pour la plupart, ont-ils été transformés en soldats disciplinés et conquérants? Comment ont-ils exécuté sans récrimination les ordres violents parfois, rudes toujours, de leurs chefs? C'est un problème dont on aura l'explication si l'on veut regarder le premier allemand venu. Il porte sur son casque six mots qui apparaissent comme le symbole de la force nationale : *Mit Gott, für Kœniq und Waterland* (avec Dieu pour le roi et la patrie). Sur la plaque du ceinturon on lit encore : *Gott mit uns* (Dieu avec nous). Tout est là, la foi religieuse, la foi monarchique et le culte de la patrie, ces trois leviers propres à soulever les masses. La foi religieuse plia le soldat au devoir, la foi monarchique l'identifia aux projets ambitieux de Guillaume, le culte de la patrie menacée ou attaquée le précipita sur la France. Et notre pauvre France fut déchirée sous les serres de l'aigle prussien, elle fut terrassée sur vingt champs de batailles, excepté à Bapaume, à Orléans, etc., où elle se releva momentanément. Elle était, hélas ! si affaiblie par le manque de foi religieuse et politique, si abâtardie par le sensualisme, si sourdement minée par les folles théories d'une république universelle dont le propre, qu'on le sache bien, est d'étouffer tout patriotisme.

Les Allemands s'emparèrent de nos places fortes en usant d'un procédé que n'avait pas encore employé l'Europe civilisée. Ils eurent recours aux bombardements qui, laissant intactes les lignes de défense, vont porter l'incendie et la mort aux cœurs des villes, afin de faire céder la résistance militaire sous le poids des malheurs infligés à la population civile. Pour justifier cet abus de la guerre, ils invoquèrent cette maxime tout à fait erronée : « la fin justifie les moyens. » La conscience humaine proteste de toutes ses forces contre ce principe contraire au droit et à la justice ; les ruines de Péronne crient éloquemment contre le procédé barbare du bombardement.

Le 29 ~~janvier~~ *Décembre*, on avait commencé à entendre gronder le canon du côté de cette ville. La nombreuse artillerie, qui l'assiégeait, avait passé le 27 par Bapaume. Rien de plus effrayant à voir que ce défilé interminable de canons et de caissons qui ébranlèrent les rues pendant plus d'une heure.

— « Où allez-vous ? demandaient plusieurs habitants aux Prussiens. — A Péronne ! à Péronne ! répondaient-ils. Péronne assiégé, Péronne brûlé ! »

L'armée qui occupait Bapaume et les environs ne demeurait pas inactive. Aux marches succédaient les contre-marches. Elle envoyait des détachements sur Cambrai, Douai, Arras, pour étudier le moindre de nos mouvements. Aux portes mêmes de cette dernière ville, un peloton de cavaliers faisait paisiblement l'inspection du village d'Achicourt, tandis qu'un autre, derrière les lignes d'Arras, à plus de 20 kilomètres de l'armée prussienne, emmenait prisonniers plusieurs centaines de mobilisés cantonnés à Carency et à Souchez.

Fiers des succès qu'ils remportaient presque partout, les Allemands voulurent saluer de leurs chants joyeux la fin d'une année qui avait été pour eux si prospère et si malheureuse pour nous. Dans toutes les maisons, le 31 décembre, ils festoyèrent jusqu'à minuit, aux dépens des habitants. Inutile de dire qu'ils se gorgèrent de viandes et de toutes sortes de boissons.

Aussi, le lendemain, M. le Doyen de Bapaume, présentant ses vœux à ses paroissiens, commenta-t-il bien à propos, en présence d'un millier d'Allemands, ces paroles de l'Apôtre : *Sobrie et juste et pie vivamus in hoc sæculo :* Vivons dans ces jours mauvais avec tempérance, avec justice et avec piété.

Nous reproduisons cette allocution d'une énergie tout apostolique :

« L'année dernière, à pareil jour, nous présentions à Dieu pour vous, selon notre sacerdotale et paternelle habitude, nos vœux et nos prières. C'était *la paix*, vous vous en souvenez, que nous demandions *au prince de la paix*, en votre faveur.

« Hélas ! ces vœux et ses prières, dont l'opportunité saisissante ne nous a été que trop démontrée plus tard, n'ont pas été exaucés. Au lieu de la tranquillité de la paix nous avons eu l'effroyable tumulte de *la guerre*. Cela devait être : dans notre pauvre France, Dieu ne trouva pas assez *d'hommes de bonne volonté :* « Pax hominibus bonæ voluntatis ; » et il trouva trop *d'impies*, du moins trop de *pécheurs qui ne connaissent plus le chemin de la paix* : « Non est pax impiis..... Viam pacis nescierunt. »

« Aujourd'hui que la guerre n'est plus seulement à nos portes comme l'année dernière, mais qu'elle est frémissante au milieu de nous, je demande, à genoux et en larmes aux pieds du Père des miséricordes, que la paix se fasse bien vite, et surtout qu'elle se fasse la moins amère possible.

« C'est ainsi que je suis heureux de répondre à vos désirs, légitimement inquiets de savoir si quelqu'un s'intéresse à vous obtenir la paix : « Quis ibit ad rogandum pro pace tua ? »

« Et pour que ce bienfait ne tarde plus de nous être accordé, je demande que vos péchés disparaissant ne mettent plus dès à présent de division entre vous et votre Dieu, et qu'ils ne fassent plus obstacle comme autrefois à nos prières devant la face trois fois sainte de la miséricorde divine : « Inquitates vestræ diviserunt inter vos et Deum vestrum, et peccata vestra absconderunt faciem ejus a vobis ne exaudiret. » Je demande expressément que vous renonciez à l'impiété et aux passions mondaines et que vous viviez dans ces jours mauvais avec tempérance, avec justice et avec piété : « Abnegantes iniquitatem et sæcularia desideria, sobrie et juste, et pie vivamus in hoc sæculo. »

« Je vous souhaite *la tempérance.* « Sobrie. »

« Cette vertu purifie et féconde les âmes, conserve et fortifie les corps, se fait suivre, comme une reine bénie, du magnifique cortège de toutes les prospérités.

« S. Paul veut que nous ayons de la tempérance même dans nos goûts de sagesse : « Oportet sapere sed sapere ad sobrietatem. »

« Mais c'est surtout l'intempérance dans nos appétits sensuels qui est condamnable. C'est celle-ci qui *appesantit les cœurs, qui multiplie les infirmités, qui appelle* sur ses victimes les *malédictions et les malheurs.* Et maintenant instruisez-vous, *hommes de chair et de sang*, « generatio carnis et sanguinis, » et confondez-vous.

« Désormais, soit que vous mangiez, soit que vous buviez, priez Jésus-Christ, le modérateur infiniment sage des esprits et des corps, de présider lui-même à vos repas, pour les bénir, pour les régler, pour en bannir les moindres excès.

« Gardez-vous de croire que la guerre donne des licences exceptionnelles à ce sujet. C'est alors au contraire que la discipline militaire se fait l'auxiliaire de la religion, et qu'elle ordonne, plus qu'en un autre temps, la tempérance aux armées. Si j'avais le bonheur d'évangéliser nos soldats français, je leur dirais, ne fût-ce que dans l'intérêt de leur gloire : *Soyez sobres* ; ne faites pas *un dieu de votre ventre* et une Capoue de cette ville.

« Je vous souhaite en même temps *la justice*, « juste. »

« *La justice élève les nations ; et bienheureux sont ceux qui souffrent persécution pour elle.*

« *Au contraire, ceux qui vivent dans l'injustice n'ont qu'à attendre des tourments, et des tourments horribles qui leur seront donnés par leurs injustices elles-mêmes* : « Illis qui injuste vixerunt per hæc quæ coluerunt dedisti summa tormenta. »

« Le bien d'autrui, injustement usurpé, ne profite à personne ; c'est une source de pertes et de ruines pour tous.

« Les peuples païens ne voulaient pas de la justice pour leurs balances ; leur épée suppléait au vrai poids dans la mesure de leurs exactions ; ils couvraient la honte de leurs méfaits sous cette odieuse sentence qui ne faisait que révéler davantage l'ignominie de leur conduite : *væ victis, malheur aux vaincus*. C'en est assez pour expliquer leurs abaissements malgré quelquefois leur apparente grandeur.

« Les peuples chrétiens, instruits par Jésus-Christ, le juste par excellence, ont des tendresses particulières et des consécrations spéciales pour les droits de tous, même pour ceux des plus grands criminels. En France, on lit, à l'entrée de nos prisons, cette inscription touchante, qui est un témoignage irrécusable et en même temps si honorable pour notre justice et pour notre charité chrétienne : *respect au malheur*. Dans toutes les questions et affaires de justice, le plus fort n'a d'autre privilége que celui de venir au secours du plus faible injustement menacé dans ses droits. C'est là le commandement du Dieu des armées qui s'en est expliqué de la sorte par la bouche d'Isaïe devant les princes de Sodome : « Audite verbum Domini exercituum, principes Sodomorum : quærite judicium ; subvenite oppresso, defendite viduam. » *Pratiquez la justice avant votre mort*, dit la sainte

Écriture ; pratiquez-la donc tout de suite, car dans ce temps de guerre, vous n'êtes séparés de la mort que par un degré : « Uno tantum gradu ego morsque dividimur. » Demain peut-être, Dieu jugera non pas seulement vos injustices, mais vos justices elles-mêmes : « justitiam judicat. »

« Je vous souhaite enfin *la piété* : « et pie. »

« La piété, dit saint Augustin, est le fondement béni sur lequel repose le majestueux édifice de toutes les vertus.

« La piété, qui est utile à tout et à tous, dit saint Paul, donne les biens de la vie présente, et promet ceux de la vie future.

« *L'impie et son impiété sont enveloppés également dans la haine de Dieu*, est-il écrit dans le livre de la Sagesse, par conséquent, ayez bien soin de rendre au prochain ce qui est au prochain, et à Dieu ce qui est à Dieu.

« Donc honneur, gloire, amour, obéissance au roi immortel quoiqu'invisible des siècles.

« Donc, respect aux choses et aux personnes pieuses ; toucher à l'une d'elles, c'est toucher à la prunelle même de l'œil de Dieu, c'est toucher au Christ lui-même.

« Que la tempérance, que la justice, que la piété soient désormais les compagnes fidèles et inséparables de votre vie. Ces trois vertus, infiniment chères à Dieu, apaiseront enfin sa colère ; et par elles nous obtiendrons que notre ciel, qui est un ciel d'airain, devienne, sous l'action merveilleuse de la miséricorde divine, *un ciel de miel :* « melliflui cœli. » — Ainsi soit-il.

En voyant l'inaction de notre armée, les Allemands se laissèrent aller parfois à la forfanterie et même à l'arrogance. Plusieurs de leurs officiers disaient, la veille du nouvel an, à M. Viart, curé de Favreuil : « M. le *Pastor*, que fait l'armée du Nord ? elle dort.... » — Cet ecclésiastique leur répondit : « Soyez tranquilles, Messieurs, ayez un peu de patience, elle vous éveillera ces jours-ci... » — M. le curé prophétisait sans s'en douter.

CHAPITRE III.

Les espérances de l'année 1871. — Ordre du jour de l'armée du Nord. — La marche en avant, le 31 décembre. — Ordre du mouvement. — Position de l'ennemi. — Arrivée sans encombre de la division Derroja à Achiet-le-Petit. — Éclaireurs ennemis signalés dans le bois de Logeast par la division du Bessol. — Leur dispersion. — Combat d'artillerie. — Prise d'Achiet-le-Grand. — Poursuite de l'ennemi jusqu'au delà de Grévillers. — Marche du 23ᵉ corps. — En sortant d'Ervillers, rencontre d'un émissaire. — Préliminaires du combat. — Attaque de Béhagnies. — Lutte acharnée dans le village. — A gauche de Béhagnies, combat non moins violent. — Intrépidité des marins chasseurs et mobiles. — Charge des hussards rouges. — Béhagnies pris par les marins et les mobiles, et repris par les Prussiens. — Un héros dans le corridor de la ferme de M. Waterlot. — Pertes sérieuses. — Le capitaine de La Frégeolière. — Inquiétudes du Commandant en chef du 23ᵉ corps. — La brigade Michelet se replie sous la protection de la brigade Delagrange. — Qu'était donc devenue la division Robin? Courage du bataillon des voltigeurs du Nord en présence d'un régiment prussien. — Entrée du général Robin à Mory après un léger combat. — Pourquoi le général Faidherbe n'est-il pas venu au secours de son lieutenant?

L'année 1870 venait de disparaître dans un nuage de tristesse et de deuil, laissant le pays écrasé sous le poids des réquisitions ennemies; celle qui lui succède va-t-elle voir nos troupes refouler enfin devant elles les hordes germaniques? le général Faidherbe parviendra-t-il au moins à les chasser du Nord de la France, après leur avoir fait essuyer de sanglants échecs? C'était l'espérance dont on pouvait se bercer, en lisant l'ordre du jour suivant :

« En vous cantonnant près de nos places fortes, je vous ai donné la possibilité de vous reconforter et de vous reposer pendant deux ou trois jours; ce que vous n'auriez pu faire près de la place d'Amiens, occupée par l'armée prussienne. L'ennemi a profité de cela pour dire qu'il nous avait battus et poursuivis. C'est à nous de le punir de ces vanteries quand il se présentera ou quand nous irons le chercher...

« Vitry, le 29 décembre 1872. »

Ces dernières paroles indiquaient l'intention bien arrêtée du général de reprendre l'offensive, si l'ennemi ne venait pas l'attaquer où il se trouvait. Aussi le 31 décembre, toute l'armée, quittant ses positions, vint s'établir en avant d'Arras, depuis Tilloy jusqu'à Rivière. Le quartier-général fut à Saint-Sauveur.

Ordre du 1ᵉʳ janvier au 23ᵉ corps.

« Je vais marcher demain sur Ervillers avec tout le 22ᵉ corps, avancez-vous vers le même point au bruit du canon et faites-vous appuyer par les forces du général Robin. »

« Le général en chef.
« Par ordre, le major-général,

Signé : FARRE. »

Les renseignements apportés par les éclaireurs modifièrent un peu le plan du général Faidherbe, comme l'indique cet ordre de mouvement pour le 2 janvier.

« *22ᵉ corps.* — Première division, partant à neuf heures, passera par Ransart, Monchy-au-Bois, Hanescamps, Bucquoi.

« Deuxième division, partant à huit heures, s'avancera par Ficheux, Boiry-Sainte-Rictrude, Ayette, Ablainzevelle.

« *23ᵉ corps.* — Division Payen partant à huit heures et demie, s'avancera par Mercatel, Neuville-Vitasse, Boisleux-Saint-Marc, Boyelles, Ervillers, Gomiecourt.

« Division Robin, partant à huit heures de Beaurains, marchera un peu en arrière.

« Si l'on ne trouve pas de résistance, on passera jusqu'à Puisieux-au-Mont, Achiet-le-Grand et Bapaume. Recommandez aux hommes de ménager leurs munitions, parce que nous aurons plusieurs jours de lutte. Si une division ne rencontrait pas l'ennemi devant elle, elle appuierait les divisions voisines selon les circonstances. »

Le 2 janvier, l'armée se mit donc en marche par quatre routes parallèles contre l'ennemi, qui avait concentré ses forces vers Bapaume. Il s'était fortement établi en trois points principaux, formant devant nous une ligne presque perpendiculaire à la direction de notre marche. C'était à gauche Favreuil et Beugnâtre, à droite Achiet-le-Grand, au centre Sapignies. Soit qu'il eût connu l'ordre du jour du 1er janvier, soit que son centre lui parût trop faible, le général prussien, dès le matin, appela des environs de Bucquoi une forte colonne, composée en grande partie de cavalerie et évaluée à 6,000 hommes, lui fit prendre position derrière Sapignies et Favreuil. Les cavaliers étaient tellement nombreux, nous a affirmé un témoin oculaire, qu'ils couvraient toute la route depuis Achiet jusqu'au faubourg d'Arras.

La 1re division du 22e corps (général Derroja) arriva sans coup férir à Achiet-le-Petit, où elle prit ses cantonnements. Le soir, ce village regorgeait de militaires. Plus d'un officier fut obligé de passer la nuit dans une étable où, grâce à un peu de paille et au souffle bienfaisant des hôtes habituels de ce lieu, il put n'être pas trop souvent réveillé par le froid.

Si l'ennemi n'opposa aucune résistance devant la 1re division, il n'en fut pas de même à l'égard de la 2me (général du Bessol), où se trouvait le commandant en chef.

Cette division, qui, avait suivi la route d'Arras à Bucquoi jusqu'à Ablainzevelle, signala en sortant de ce village, les éclaireurs ennemis dans le bois de Logeast. Deux bataillons de la brigade Fœrster se mirent en devoir de les tourner ; mais aussitôt qu'ils s'aperçurent de ce mouvement, ils se replièrent. Toute la brigade s'engagea à leur suite dans la route qui traverse le taillis et vint déboucher en face d'Achiet-le-Grand que gardait un bataillon du 28me régiment de ligne prussien avec un escadron de hussards et une batterie d'artillerie. Les forces ennemies pouvaient s'élever à 1,500 hommes.

A peine sommes-nous aperçus au sortir des arbres que l'artillerie ennemie nous envoie une décharge, puis une seconde. Il était environ une heure et demie. Cette promptitude à tirer nous révèle immédiatement tout le système de défense des prussiens, qui consiste à enfiler les issues par le feu permanent de leur artillerie et empêcher quoique ce soit d'en sortir.

Quelques compagnies, malgré une pluie d'obus, débouchent du bois, se déploient en tirailleurs et délogent bien vite une centaine de prussiens embusqués derrière les tombes du cimetière et dans le moulin d'Achiet-le-Grand. Une batterie de 12 (capitaine Beauregard) établie sur les hauteurs à gauche de la route d'Ablainzevelle à Achiet, et une batterie de 4 (capitaine Beuzon) placée à droite, répondent vigoureusement aux pièces prussiennes postées à la hauteur du pré Martin. Ces pièces ne tardent pas à être réduites au silence.

La fusillade ne continuait ni moins vive ni moins meurtrière pour nous. Les Prussiens, abrités derrière une briqueterie et les remblais du chemin de fer, cachés dans les maisons, dans les wagons et les bâtiments de la gare, balayaient impunément de leur feu tout le chemin découvert par où nos troupes essayaient d'avancer. Pour les débusquer de leurs abris, le général en chef lança beaucoup d'obus sur la partie Nord-Est et Nord-Ouest du village. Il n'est pas un bâtiment, nous écrit-on, qui n'ait reçu de ces projectiles. Deux obus allèrent frapper le clocher, l'un dans la maçonnerie et l'autre dans la toiture.

Vers deux heures et demie environ, le général en chef ordonna au 2ᵉ bataillon du 43ᵉ de ligne et au 20ᵉ bataillon de chasseurs à pied d'attaquer Achiet-le-Grand, l'un à droite et l'autre à gauche. Ce mouvement était appuyé par deux bataillons de mobiles de Somme et Marne, qui se déployèrent entre Achiet-le-Petit et Achiet-le-Grand.

A peine les clairons ont-ils sonné l'attaque que nos troupes s'élancent au pas de charge, avec un admirable élan. Franchissant simultanément la voie ferrée : la ligne par un passage à niveau, et les chasseurs sous un pont, nous parvenons à déloger l'ennemi de la gare et de tout le village. Si la lutte ne fut pas longue, elle fut du moins assez vive. Nous fîmes 25 prisonniers dans le pré Martin et environ le même nombre dans le pré Chéret ; un capitaine, se voyant acculé de toutes parts, rendit son épée à un jeune chasseur.

Nous suivons, la baïonnette dans les reins, les Prussiens jusqu'à Bihucourt où ils tentent une nouvelle résistance. Mais, bientôt culbutés avec de nouvelles pertes, ils sont poursuivis jusqu'au delà de Grévillers et de Biefvillers. Si ce dernier village eût été alors fortement occupé, que de sang français eût été épargné pour le lendemain ! Mais dans cette malheureuse guerre nous n'avons jamais, je ne sais par quel aveuglement, profité des succès dus à la bravoure de notre armée. Surpris par la nuit, incertain de la direction prise par les autres troupes de la division, craignant d'en être coupé par la cavalerie ennemie, le commandant du 20ᵉ bataillon de chasseurs crut prudent, puisqu'il n'était pas appuyé, de se retirer à Bihucourt, et d'abandonner, quoiqu'à regret, le village de Biefvillers, dont la position était de la plus haute importance.

Dans ce combat, grâce à l'élan de nos soldats, le 43ᵉ n'eut qu'une vingtaine d'hommes tués ou blessés, et le 20ᵉ chasseurs qu'une trentaine. Parmi ces derniers, nous avons à déplorer la mort d'un jeune soldat d'Arras, nommé Henri, d'une honorable famille.

Nous ne pouvons pas apprécier les pertes de l'ennemi : ses voitures d'ambulances circulaient dans Achiet-le-Grand et enlevaient au fur et à mesure les morts et les blessés.

Le 23ᵉ corps s'était aussi heurté contre l'ennemi. Vers onze heures et demie, on avait commencé à entendre gronder le canon dans la direction d'Ervillers et de Béhagnies.

Partie de Mercatel, vers huit heures du matin, la 1ʳᵉ brigade de la 1ʳᵉ division s'était avancée sur la grande route, jusqu'à la croisée des chemins de Boiry-Saint-Marc et Boiry-Becquerelle, où l'avait ralliée le 48ᵉ régiment de mobiles (Nord), venant de Neuville-Vitasse. C'était cet endroit qui avait été désigné comme le lieu de jonction pour toutes les troupes de la 1ʳᵉ division.

De Beaurains où elle avait passé la nuit, la division Robin devait aussi se diriger sur Bapaume ; mais au lieu de marcher en arrière de la 1ʳᵉ division sur la grande route, elle prit le chemin de Croisilles, Saint-Leger et Écoust. Peut-être avait-elle reçu, au moment du départ, de nouvelles instructions ; car nous ne croirons jamais qu'un général, dans un mouvement agressif, puisse s'écarter, selon sa fantaisie, de la route qui lui est tracée par le général en chef.

Lorsque la 1ʳᵉ division fut au complet, le général Paulze d'Ivoy, commandant le 23ᵉ corps, donna l'ordre du départ. La 1ʳᵉ brigade marcha en tête de la colonne ; elle avait une avant-garde composée du 24ᵉ bataillon de chasseurs à pied et d'une section d'artillerie. Cette avant-garde était elle même précédée d'une compagnie de ce bataillon, éclairée par quelques hommes en avant. Le général Paulze d'Ivoy, qui connaissait les ruses prussiennes, voulait qu'on s'avançât avec la plus grande prudence.

La colonne traversa Boyelles, que les coureurs ennemis venaient de quitter, et atteignit Ervillers sans aucun obstacle. En sortant de ce village, un homme, tout hors d'haleine, vint avertir les Français qu'il ne se trouvait dans Béhagnies que trois ou quatre cents prussiens. Le fait était exact ; il n'y avait en effet que deux ou trois avant-postes ; mais l'indication était des plus dangereuses.

Si Béhagnies contenait seulement quelques centaines d'Allemands, il y en avait en retour 2,000 à Sapignies, à peine éloigné de plusieurs hectomètres, 1,500 à Favreuil, 3,000 à Bapaume, 2,000 à Frémicourt, sans compter une nombreuse artillerie et cette colonne de trois à quatre mille cavaliers, dont nous avons parlé. C'est ce que ne pouvait assurément pas savoir ce villageois, puisque toute circulation était absolument interdite entre les communes. Malheureusement il oublia de dire que Béhagnies, dont la position est naturellement forte par les chemins creux qui le sillonnent, et par les haies qui communiquent d'un jardin à un autre, était barricadé et crénelé jusqu'aux toits des maisons. Il eût payé bien cher cet oubli involontaire, s'il eût été rencontré le soir.

Aussitôt l'information reçue, le général commandant le 23e corps, vint en toute hâte avec son état-major arrêter, à mi-chemin d'Ervillers à Béhagnies, l'avant-garde qui marchait trop vite et la mit sur le qui-vive. Il fit prendre à la 1er brigade (colonel Michelet) les dispositions suivantes :

Le 19e bataillon de chasseurs (commandant Wasmer), dont les éclaireurs venaient d'être reçus à coups de fusil, déploya deux compagnies en tirailleurs de chaque côté de la route, soutenues par deux autres en colonne.

La 5e escortait en arrière, sur la route, une section de la batterie Dieudonné qui marchait avec l'avant-garde.

Le 1er bataillon des fusiliers marins (commandant Grangé, capitaine de vaisseau), soutenu par deux compagnies de chasseurs, devait attaquer les hauteurs de gauche et tourner Béhagnies de ce côté, tandis que le 2e bataillon (commandant Parayon), appuyé par deux autres compagnies de chasseurs, pénétrerait dans le village que le 3e bataillon (commandant Hanet-Cluny), devait tourner par la droite. Ce mouvement était d'autant meilleur qu'on opposait à l'ennemi sa tactique favorite.

Le 48ᵉ régiment de mobiles du Nord (commandant Degoutin), placé en seconde ligne, et formé en colonnes de peloton, reçut l'ordre de suivre le mouvement des marins. Le 7ᵉ bataillon (commandant Pyot), devait se porter à l'ouest de la route, tandis que le 8ᵉ (commandant Billon), et le 9ᵉ (commandant Vernhette), s'établiraient à l'Est. La batterie Halphen prit position à gauche d'Ervillers, tandis que la batterie Dupuich s'établissait à droite.

La 2ᵉ brigade était alors arrivée dans ce village; ce qui permettait au général de mettre en ligne toutes les troupes de la brigade Michelet.

Dès que l'avant-garde fut au pied de la côte de Béhagnies, l'ennemi commença une vive fusillade. Les balles tombaient à côté du général Paulze d'Ivoy, mais aucune ne l'atteignit. Nos chasseurs, qui gravissaient cette côte avec la section d'artillerie, répondirent vigoureusement à ce feu meurtrier, mais l'artillerie ne put se mettre en batterie pour soutenir l'attaque ; accueillie par une vive mousqueterie, qui partait d'une barricade établie à travers la route, à la première maison de Béhagnies vers Ervillers, elle perdit beaucoup de monde. M. Dubois, officier très-brave, fut mis hors de combat, ainsi que son sous-officier ; les chevaux, criblés de balles, affolés par les décharges d'une fusillade à très-petite distance, se cabrèrent, emportant avec eux conducteurs, caissons, avant-trains et un canon. Cette avalanche descendant la côte au triple galop faillit écraser l'état-major, qui parvint à l'arrêter.

L'autre canon, resté sur le terrain, serait tombé inévitablement entre les mains de l'ennemi, si deux ou trois hommes courageux, moins soucieux de leur vie que de l'honneur de nos armes, ne s'étaient dévoués pour l'enlever, sous une grêle de projectiles. Puisse un jour le pinceau de l'artiste buriner, en traits ineffaçables, l'héroïsme de ces quelques braves, dont le nom est resté dans l'oubli.

Pendant ce temps, les chasseurs à pied de l'attaque centrale (1re et 2e compagnies), déployés en tirailleurs, avaient commencé un feu bien nourri contre l'ennemi abrité par les clôtures des prairies et des jardins ; s'élançant bientôt au pas de course, malgré une vive fusillade, ils le délogent de ses positions et s'emparent rapidement des premières maisons. Le 2e bataillon, qui les suit de près, conduit énergiquement par le général Michelet, parvient à pénétrer dans l'intérieur du village, après une lutte acharnée, où l'on prend maison par maison, grange par grange.

A l'extrême droite de Béhagnies, le 3e bataillon de marins en était venu aussi aux mains. S'apercevant que la cavalerie ennemie avait l'intention de nous tourner du côté de Gomiecourt, le commandant appuie un peu trop son mouvement dans la direction de ce village, et se trouve jeté en dehors du cercle d'attaques. Aussi ne prend-il qu'une faible part au combat.

Le tir bien dirigé de la batterie Dupuich porta dans les rangs des cavaliers ennemis un tel désordre qu'ils se replièrent en toute hâte.

Lorsque le combat fut bien dessiné sur la droite, la 4e compagnie de chasseurs avait été portée en avant sur la gauche entre Mory et Béhagnies. La 3e et la 5e s'étaient hâtées de la soutenir contre l'ennemi, qui portait ses efforts de ce côté. A leur droite était venu se déployer en bataille le 1re bataillon des marins. Les 8e et 9e bataillons du 48e (mobiles du Nord), avait comblé le vide laissé entre les marins et les abords de Béhagnies.

Nos troupes, développées ainsi sur les hauteurs, qui séparent ce village de Mory, rencontrèrent devant elles des forces bien supérieures. Une longue ligne de tirailleurs, soutenue en arrière par des colonnes compactes, entretenait un feu très-meurtrier. Deux batteries d'artillerie, venues de Bapaume vers dix heures et demie et installées sur le plateau contigu à la route de Favreuil à Sapignies, lançaient sur nous une grêle d'obus. Une nombreuse cavalerie se dissimulait dans Sapignies et dans les plis de terrain aboutissant à ce village.

La lutte devint très-vive de part et d'autre; la fusillade de nos tirailleurs faisait éprouver des pertes sensibles à l'ennemi. La batterie Dupuich, bientôt soutenue par celle de Dieudonné, toutes deux placées à l'ouest d'Ervillers, répondait énergiquement à l'artillerie prussienne; celle d'Halphen établie à gauche sur le plateau, ne laissait rien à désirer pour la rapidité et la précision de son tir dirigé sur les batteries de Favreuil et sur les renforts qui ne cessaient d'arriver à Sapignies.

Toutefois, l'artillerie ennemie, de beaucoup supérieure en nombre, continuait à nous couvrir de projectiles; une batterie, installée à 500 mètres de la route d'Arras, vis-à-vis la maison de M. Bobœuf, foudroyait à une distance de 1,000 mètres les marins qui faisaient néanmoins la plus brillante contenance. Le 8e et le 9e bataillon des mobiles du Nord ne pouvaient aussi que très-difficilement s'abriter et se défiler des coups des batteries prussiennes ; de plus, ils souffraient de la mousqueterie très-vive qu'entretenaient les tirailleurs ennemis embusqués dans les maisons crénelées et dans les abords du village. Le général Payen donna aux marins l'ordre de tenter, de concert avec les chasseurs et les mobiles, un vigoureux effort pour déborder Béhagnies.

Au lieu de marcher en bataille comme les chasseurs qui leur servaient d'appui, nos marins se laissant emporter par leur bouillante valeur, se lancèrent en trop nombreux tirailleurs et à une distance trop éloignée pour atteindre d'un seul élan les pièces d'artillerie. Il est, en effet, bien difficile de courir ainsi 1000 mètres dans un mauvais terrain et sous un feu violent, sans qu'il n'arrive, après avoir parcouru 300 mètres une certaine débandade; les forces humaines sont alors épuisées. Dans la marche en bataille, au contraire, comme on a les soldats sous la main, il est plus facile de conserver la cohésion nécessaire au succès d'un pareil effort. Quoi qu'il en soit de ce mouvement impétueux de nos braves marins, la batterie ennemie, se voyant menacée d'être prise, les couvrit de mitrailles, avant de se replier sur la route de Bapaume. Pris en même temps à revers par les batteries de Favreuil et assaillis par une vive fusillade, nos soldats tourbillonnèrent sous une pluie de projectiles. Au même instant, deux ou trois escadrons de hussards rouges voyant leur batterie en danger et le désordre momentané produit dans les rangs des fusiliers marins, se précipitèrent des rues de Béhagnies, rapides comme l'éclair, et les chargèrent vigoureusement. Ceux-ci, ne s'attendant pas à cette attaque soudaine, à laquelle ils ne sont nullement habitués, oublièrent de se former en bataillon carré. Cette charge fut d'ailleurs si instantanée que le capitaine Cauvin, chargé de porter un ordre à cette aile, faillit être fait prisonnier; cet officier d'ordonnance, était si loin de soupçonner alors un danger imminent, qu'il avait mis pied à terre, parce que son cheval ne pouvait achever de gravir la côte.

Du reste, toute charge de cavalerie pour réussir, doit être lancée comme la foudre; une minute après, il est trop tard. Et par qui cette charge si meurtrière fut-elle dirigée? Par un jeune officier du nom de Pourtalès, d'une famille autrefois française, émigrée depuis longtemps. A la troisième invasion, il se flattait d'avoir contribué puissamment à sauver une batterie, qui allait tomber en notre pouvoir à Béhagnies.

Pour comble de malheur, les marins eurent encore l'idée de passer, malgré les efforts de leurs officiers, devant le front des chasseurs qui virent, hélas! sabrer à cent pas des soldats français, sans pouvoir tirer un seul coup de fusil pour les protéger.

Craignant d'être enveloppé à son tour par la cavalerie qui produit toujours une singulière impression sur de jeunes troupes, le commandant Wasmer, dont le sang-froid égale le courage, ordonna de former aussitôt le carré. Saisissant le moment où la gauche des marins arrivait à la hauteur de sa droite, il le fit ouvrir pour avoir plus de monde en ligne et commanda le feu. Cette décharge à bout portant brisa l'ardeur des cavaliers, qui payèrent chèrement leur audace, et les força à se retirer précipitamment.

Mais la retraite de la cavalerie démasqua le front de nos braves chasseurs qui, en présence de l'ennemi, avaient su former et rompre le carré. Ils devinrent dès ce moment le point de mire de cette redoutable batterie qui, à chaque coup, leur enlevait cinq à six hommes. Il y avait donc impossibilité de rester plus longtemps sous ce feu meurtrier. Ils se retirèrent dans un chemin perpendiculaire à celui de Mory à Sapignies, où ils continuèrent de tirer en s'abritant des arbres qui bordent cette route.

De leur côté, le 8e et le 9e bataillon de mobiles (48e du Nord) déployaient la plus grande valeur. Le colonel Degoutin, dont on ne saurait trop apprécier la bravoure, avait su communiquer à son régiment le courage qui l'animait. Se portant au galop de son cheval à cinquante pas en avant de ses bataillons, il se retourna, et le képi à la main, le bras dirigé vers Béhagnies, il s'écria : « En avant et vive la France. » A la voix de leur chef intrépide, les mobiles s'élancent avec un élan irrésistible. La barricade, qui coupait la route du côté d'Ervillers, tombe en leur pouvoir par le fait seul de ce mouvement rapide. Il en est de même des maisons crénelées qui bordent la route et d'où partait une grêle de balles. L'ennemi ne se maintint sérieusement que dans la maison de M. Bobœuf, transformée en une espèce de redoute ; il nous fusillait des fenêtres, des portes et du grenier.

Ce vigoureux effort allait être couronné de succès. Le 9º bataillon des mobiles n'était plus qu'à 300 mètres de la batterie qui avait décimé les marins, lorsque le mouvement rétrograde de ces derniers entraîna celui des mobiles, dont le front fut alors foudroyé par la mitraille, et le flanc droit abîmé par une vive fusillade partant des maisons que les Prussiens avaient aussitôt réoccupées en grandes forces.

La colonne centrale, retardée par les difficultés de sa marche à travers les clôtures des jardins et des habitations de Béhagnies, arrêtée par le feu qui s'échappait des maisons crénelées et des barricades élevées dans l'intérieur du village et par celui des batteries ennemies placées à l'Ouest et en arrière de Sapignies, ne faisait que peu de progrès en avant; ses rangs s'éclaircissaient sensiblement. Le commandant Pyot du 7º bataillon (mobiles du Nord) reçut l'ordre de s'avancer, sur la droite, avec la moitié de ses forces, afin de tourner ces dangereux abris d'où les Allemands nous envoyaient la mort, sans aucune crainte pour eux. Ce brave officier, dont les troupes étaient en colonnes de peloton, se porta en avant avec ses sections de tête. Cette première ligne bientôt renforcée par la deuxième, pénétra résolûment dans le village, où elle fut accueillie par un feu très-meurtrier. Elle força néanmoins l'ennemi dans ses barricades avancées, le délogea des maisons et le refoula au-delà de l'Église. Le combat continua violent, terrible, acharné. On se fusille à cinq mètres, on s'aborde à la baïonnette dans les cours, dans les maisons, principalement dans le corridor, dans les salles de la ferme de M. Waterlot, dont les abords sont défendus avec la même vigueur qu'ils sont attaqués. L'ennemi est enfin chassé des maisons de Béhagnies, à l'exception de celle de M. Bobœuf, qui était crénelée, et à laquelle s'appuyait une seconde barricade établie à travers la route d'Arras. Il était environ une heure et demie.

Les Allemands, placés dans cette maison et derrière les

haies de Sapignies, qu'ils avaient parfaitement appropriées pour une bonne défense, à l'aide de bourrelets faits de bottes de paille et d'œillettes, lancent une grêle de balles sur nos soldats. Quiconque tente de sortir des haies ou cesse de s'abriter des arbres, qui croissent dans les prés Leprince et Lefebvre, est aussitôt tué ou blessé.

Le bataillon des marins recevait en face cette terrible fusillade. Il était en même temps pris à revers par la batterie placée vis-à-vis la maison de M. Bobœuf. Son commandant, M. Parayon, frappé à la tête d'un éclat d'obus, tout à côté du général de brigade dont il recevait les instructions, venait de tomber pour ne plus se relever, lorsqu'une nombreuse colonne d'infanterie, débouchant de toutes parts, se rua sur ce bataillon, en vociférant ses sauvages hourrah ! Surpris par ces clameurs farouches, émotionnés par la perte d'un chef qu'ils chérissaient, les marins hésitèrent un instant, mais cet instant fut court; car, se précipitant presqu'aussitôt en avant, ils repoussèrent la charge entreprise dans un moment si favorable pour l'agresseur. Il pouvait être deux heures et demie. Les Prussiens essayèrent encore plusieurs autres attaques du même genre ; mais ces tentatives, malgré leur violence, échouèrent toutes devant la bonne contenance de nos braves marins.

Les mobiles montraient, à la droite, la solidité de vieilles troupes, et déployaient le plus grand courage ; les compagnies de chasseurs à pied commandées par des hommes énergiques faisaient aussi des efforts surhumains. Partout on se battait avec rage contre des forces supérieures en nombre, et retranchées derrière de solides abris. Cette lutte inégale mais furieuse, opiniâtre, désespérée même, continua quelque temps encore. Enfin, accablés par le nombre, épuisés de fatigues, nous cédons pied à pied le terrain, mais non sans avoir fait mordre la poussière à de nombreux ennemis.

Nous n'oublierons jamais l'héroïsme de ce fusilier marin

qui, dans le corridor de M. Waterlot, tint en échec une vingtaine de prussiens. Sommé de se rendre, il répondit en perçant de sa baïonnette quiconque tentait de l'approcher. Déjà il en avait étendu par terre cinq à six, lorsque les ennemis allèrent enfoncer la porte du corridor, du côté du jardin. Pris ainsi à revers, il tomba bientôt et expira en murmurant ces mots : « Ma mère ! ô ma mère ! »

Tant de bravoure n'aurait-elle pas dû faire respecter son cadavre ? Hélas ! ces farouches vainqueurs s'acharnèrent au contraire sur le corps de notre héros et le mutilèrent avec un raffinement de cruauté inconnu jusqu'ici chez les nations civilisées.

Sur la gauche, nos troupes, qui s'étaient un peu repliées, continuaient de soutenir la lutte avec une énergie vraiment remarquable. L'ennemi, qui recevait à chaque instant des renforts, sortit de Favreuil pour tenter un mouvement tournant. Cette tentative échoua contre la valeur déployée par les fusillers marins et les chasseurs, et contre le feu de notre artillerie. La batterie Dupuich avait passé alors de l'Est à l'Ouest de la route pour fortifier celle d'Halphen.

Le combat durait depuis environ quatre heures ; nos forces commençaient à faiblir ; les batteries allemandes, qui s'étaient avancées, tiraient sur nous à mitraille ; nos pertes, il faut l'avouer, étaient très-sérieuses. Le 1er bataillon des marins, qui avait pris la plus large part au combat, avait laissé une centaine d'hommes entre les mains des hussards. Son commandant Grangé et plusieurs officiers étaient grièvement blessés ; le capitaine de la Frégeolière, enseigne de vaisseau, avait eu l'épaule fracassée par un coup de sabre. Sommé de se rendre avec sa compagnie, il avait répondu en s'écriant : « Vive la France. » Parvenu à se dégager du cercle de fer formé par la cavalerie, il se retirait appuyé sur son ordonnance ; mais bientôt épuisé de forces à cause du sang qu'il perdait, et ne voulant pas se blottir dans un bosquet, qui se trouvait sur son chemin, dans la crainte de tomber entre les mains de l'ennemi, il conjura son fidèle et dévoué achate de l'emporter sur ses épaules. Mais à peine celui-ci eut-il fait quelques pas avec son précieux fardeau, qu'une balle vint tuer ce jeune officier d'un si brillant avenir.

Le colonel du 48e mobiles, en enlevant ses bataillons, avait eu son cheval tué sous lui ; les trois commandants Vernhette, Billon et Pyot, les capitaines de La Grange, Carton et Duchatel, le lieutenant Decagny avaient été grièvement blessés ; le capitaine Aubert était étendu mort sur le champ de bataille. Les mobiles avaient fait de très-graves pertes ; le lendemain, on en voyait encore un grand nombre, le menton dans les genoux, les doigts crispés autour de leur fusil, et morts sur la neige, dans cette horrible posture. Le général Faidherbe constatait, dans un ordre du jour, que le 48e mobiles avait eu 17 officiers tués ou blessés et des sous-officiers en proportion.

Le général commandant le 23e corps, ne recevant aucun secours du général en chef, et apercevant sur sa gauche des lignes profondes à l'horizon, crut à un nouveau mouvement tournant de l'ennemi. Il ne pouvait supposer que ce fut Robin, puisque ce général ne lui avait envoyé aucune personne de son état-major pour l'informer de son arrivée. Il donna par conséquent le signal de la retraite.

Elle fut appuyée à l'Est par les batteries Halphen et Dupuich, et à l'Ouest par celle de Dieudonné. Nos troupes allèrent se reformer à gauche d'Ervillers, sous la protection de la 2e brigade qui, en réserve jusqu'alors, passa à la 1re ligne, à l'exception du 5e bataillon des mobilisés du Pas-de-Calais (commandant Ravaux) laissé en arrière, à l'Est de ce village, pour le couvrir.

Le bataillon du 65e fut porté sur la crête du plateau, à gauche de Béhagnies, près de la batterie Halphen, qui allait se trouver sans appui. Ce capitaine, après avoir tiré quelques coups à mitraille, jugea que la position n'était plus tenable et se rabattit sur Ervillers. Le général Delagrange maintint néanmoins le 65ᵉ derrière le pli de terrain du versant, et ensuite le long d'une ligne de saules bordant un ruisseau à l'Est de la route. Le feu bien nourri des tirailleurs de ce bataillon empêcha les batteries prussiennes de s'avancer au bord de la crête du plateau.

En même temps, les tirailleurs du 33ᵉ s'étendaient le long de ce même ruisseau, à la droite du pont, et avaient leurs réserves vers Gomiecourt, que l'ennemi avait abandonné. Le 3ᵉ bataillon des marins (1ʳᵉ brigade) se trouvait aussi non loin de ce village. Le 5ᵉ et le 6ᵉ bataillons du 47ᵉ mobiles (Nord) se tenaient derrière les tirailleurs du 33ᵉ, tandis que le 7ᵉ bataillon était à gauche de la route, avec la réserve du 67ᵉ.

Le 24ᵉ chasseurs continua d'appuyer la batterie Dieudonné, qui eût seule à soutenir les efforts de l'artillerie prussienne, lorsque les batteries d'Halphen et Dupuich interrompirent momentanément leur feu pour se replier en arrière. Elle essuya alors des pertes tellement sensibles que les chasseurs durent lui fournir quelques hommes pour aider au service de ses pièces.

A l'extrême gauche, une quarantaine de chasseurs et de fusiliers marins, qui s'étaient séparés de leurs colonnes, en battant en retraite, étaient entrés à Mory. Ils ne tardèrent pas à être aux prises avec un nombre égal de Prussiens qui les poursuivaient. On se battit dans les cours, dans les jardins, dans les maisons. Nos soldats finirent par se retirer sur Ervillers.

L'ennemi ne put jamais sortir de Béhagnies. Toutes les fois qu'il essayait de déboucher du chemin creux où il s'était massé comme dans une tranchée d'assaut, deux compagnies du 33ᵉ, sous les ordres du capitaine Dumas, et placées au sud du village sur une position dominante, dirigeaient sur lui un feu plongeant des plus meurtriers. Désespérant d'inquiéter la retraite de nos troupes, il chercha à couvrir de projectiles ces deux compagnies, afin de leur faire abandonner cette position si gênante. Il ne put y réussir : bien défilées par la crête de cette butte, elles s'y maintinrent jusqu'à la nuit.

L'artillerie française ne cessa de répondre à celle de l'ennemi, qui, jusqu'à la nuit, couvrit d'obus les rues et les maisons d'Ervillers. Les éclats des projectiles, brisant les branches des arbres, causaient un bruit semblable à celui que produit une tempête violente.

« Si la division du général Robin, était arrivée plus tôt en ligne, sa présence et son concours, dit un rapport, auraient pu changer la face des choses. Mais cette division, paraît-il, marchait avec une lenteur inouïe. » Sous ces paroles est caché un blâme trop justement mérité. Le général Robin, entré à Écoust vers onze heures, donna au bataillon des voltigeurs (commandant Foutrein) l'ordre de se porter en avant parallèlement à la route de Bapaume, promettant de le suivre à cinq ou six cents mètres. Le bataillon s'avança par la route de Douai jusque sur le plateau entre Mory et Beugnâtre ; mais tout-à-coup il se trouva en face d'un régiment prussien. Se croyant soutenu, il engagea immédiatement le combat, à une distance de 250 mètres. Après une vive fusillade d'une heure pendant laquelle, sur un effectif de 800 hommes, il en eut 22 de tués et 53 de blessés, il se replia, sur Vaulx-Vraucourt, puisqu'aucun secours ne lui arrivait.

Qu'avait donc fait le général Robin ? Nous ne le croirions jamais, si mille voix ne s'élevaient pour l'attester. Il avait déjeuné tranquillement à Écoust, où il était resté à table plus de deux heures. En vain, lui disait-on : « Général, n'entendez-vous pas le bruit du canon ? — Ce n'est rien, répondait-il, nous partons.... » Il partit enfin... Marchant avec le 2e bataillon des mobilisés du Nord, il rencontra vers trois heures trois quarts, deux ou trois cents prussiens embusqués dans les haies de Mory et cachés dans le chemin creux de Vaulx-Vraucourt. Une première décharge essuyée à 150 mètres fit hésiter ce bataillon fort de 450 hommes, et qui voyait le feu pour la première fois. Mais cette hésitation ne dura qu'un instant. A la voix de leur commandant Deswartes, les capitaines Brame et Favier, les lieutenants Dujardin et Phalempin enlevèrent résolûment leurs hommes, qui s'élancèrent sur l'ennemi, la baïonnette baissée. Le général Robin, emporté par son ardeur, chargea lui-même à la tête de son État-Major. Les Allemands ne résistèrent pas longtemps, ils nous abandonnèrent le village. Nous eûmes une dizaine de tués et un grand nombre de blessés parmi lesquels se trouvait l'interprète Farinaux.

Peut-être, en France, certains esprits légers et enthousiastes, seront-ils tentés d'applaudir au courage personnel de M. Robin. Il n'en serait pas ainsi en Allemagne où l'on exige des généraux l'art de diriger leurs troupes dans des opérations savantes et non celui de briller par des qualités de sous-lieutenants.

Le général Robin entra en triomphe à Mory, convaincu d'avoir mis en fuite une forte colonne prussienne. Quand on lui eut dit qu'il n'y avait tout au plus que trois cents hommes, il s'emporta..; il se rendit enfin au témoignage de la personne honorable qui l'affirmait.

A la nuit, il prit, nous devons l'avouer, les plus sérieuses dispositions pour mettre ses troupes à l'abri de toute surprise. A onze heures, il visitait encore les grands-gardes.

Le soir de cette rude et glorieuse journée où une seule brigade lutta longtemps contre celle de Strubberg de la division Kummer, retranchée derrière de solides abris et renforcée à chaque instant par des troupes fraîches de cette division, le 23ᵉ corps prit ses cantonnements : la 1ʳᵉ brigade à Boyelles, la division Robin à Mory, la 2ᵉ brigade à Ervillers. Le 33ᵉ et le 3ᵉ bataillon des fusiliers marins passèrent la nuit à Gomiecourt.

Le général Paulze d'Ivoy, s'étant assuré par lui-même que

des grands-gardes et des avant-postes étaient placés dans la vallée, à moitié route de Béhagnies à Ervillers, revint vers le soir dans ce dernier village, accompagné du général Payen, de tous les chefs de corps, des commandants de batterie, qui s'étaient tous brillamment conduits dans cette journée. Il entra dans la dernière maison, qui est sur la gauche en allant à Bapaume, et tint, dans la salle à droite, au milieu des blessés, une espèce de conseil de guerre, où furent arrêtées les mesures à prendre pendant la nuit et pour le lendemain matin, jusqu'à l'arrivée des ordres du grand quartier général. Sur ces entrefaites, arriva M. Lenglet, préfet du Pas-de-Calais qui vint donner une parole de consolation au courage malheureux. Il promit d'envoyer, pendant la nuit, un convoi d'approvisionnements. Il tint parole.

Mais comment se fait-il que le général Faidherbe, qui avait ordonné une attaque vigoureuse devant soi, s'il y avait résistance, et promis un appui réciproque entre les corps d'armée, ne soit pas venu au secours du général Paulze d'Ivoy, dans cette lutte meurtrière de Béhagnies, où une effroyable canonnade signalait un combat violent, et partant de graves dangers? C'est là une plainte assez grave que nous avons entendu souvent formuler contre le commandant en chef de l'armée du Nord. Qu'on nous permette de la discuter ici avec la plus grande impartialité.

Le général en chef a-t-il connu la position critique du général Paulze d'Ivoy? Et s'il l'a connue, a-t-il pu venir au secours de son lieutenant? Voilà toute la question.

Il nous paraît bien difficile que le général Faidherbe ait ignoré la situation dangereuse du général Paulze d'Ivoy. De tous les nombreux officiers d'ordonnance qui lui furent envoyés, on peut bien supposer qu'un, au moins, soit parvenu jusqu'à lui. D'ailleurs la vivacité du feu de l'artillerie ne devait-elle pas lui donner de vives appréhensions sur ce qui se passait du côté du 23e corps. — Mais n'a-t-il pas pris le canon de Béhagnies pour celui de Péronne ? Cette erreur est inadmissible. Béhagnies est, à vol d'oiseau, distant d'Achiet d'environ 4 kilomètres, tandis que Péronne est à 23 kilomètres.

Le général Faidherbe a-t-il pu venir au secours ? Ou le général connaissait, vers une heure, le nombre d'ennemis qu'il avait devant lui, ou il ne le connaissait pas. S'il le connaissait, il lui était facile d'envoyer de nombreux renforts au lieu d'un escadron de dragons, qui arriva aux trois quarts de la journée. S'il l'ignorait, la prudence exigeait qu'il conservât alors sous la main toutes ses troupes, et ne sait-on pas que l'insuffisance d'éclaireurs s'est toujours fait sentir à l'armée du Nord ? Nous croyons cependant que vers deux heures et demie, le général en chef, voyant les Prussiens lâcher le pied à Achiet et à Bihucourt devant quelques bataillons, pouvait encore en ce moment secourir efficacement le général Paulze d'Ivoy. S'il ne l'a pas fait, ce fut sans doute pour de graves raisons dont il est le seul appréciateur

CHAPITRE IV.

Ordre du jour de l'armée prussienne. — Sa position. — Son effectif. — Ordre du jour du 22e corps. — Réveil de l'armée française. — Le général du Bessol fait fouiller Behagnies et Sapignies. — Le 23me corps. — Occupation de Béhagnies pendant la nuit. — Dispositions prises par le général Paulze d'Ivoy. — Combat d'artillerie. — Débandade de la division Robin. — Difficulté de déboucher de Biefvillers. — Trois compagnies y parviennent, mais elles sont bientôt obligées de se replier sur Grévillers. — Occupation de ce village par la brigade Pittié. — Violent combat d'artillerie. — La brigade Fœrster attaque le faubourg d'Arras. — Lutte courte, mais acharnée. — Prise du cimetière et de la fabrique. — Vive fusillade entre nos soldats et les défenseurs d'une barricade à l'entrée de la ville. — Tentative sur Saint-Aubin. — Mort du capitaine Martin. — Évacuation d'Avesnes par l'ennemi. — Occupation de ce hameau. — Prise des ambulances. — Impossibilité de déboucher d'Avesnes. — Le 17me et le 18me chasseurs derrière une briqueterie. — Les obus sur la gare. — Attaque de Tilloy par le 68me de ligne. — Prise de ce village. — Impossibilité de nous emparer de Ligny. — Opérations du 23mo corps. — L'artillerie prépare l'attaque de Favreuil. — Les voltigeurs s'emparent du parc de M. Boniface. — Fausse attaque de Favreuil au nord-ouest. — Attaque réelle au sud-est. — Courage héroïque du 24me chasseurs. — Prise du village. — Nouvelle tentative sur Saint-Aubin. — Combat acharné. — Nos soldats, écrasés par le nombre, se retirent sur Favreuil. — Les mobilisés ralliés occupent Beugnâtre abandonné par l'ennemi. — Diversion sur les derrières du 22e corps ; charge sans résultat des uhlans sur la garde du convoi. — Dans la soirée, ordre d'évacuer le faubourg d'Arras, Avesnes et Tilloy.

Les combats d'Achiet et de Béhagnies n'avaient été que le prélude de la bataille qui s'engagea le lendemain sur toute la ligne.

Le général en chef de l'armée prussienne, dont le quartier général était à Combles, donna l'ordre suivant :

« Combles, 2 janvier 1871, à 9 heures du soir.

« L'ennemi a pris aujourd'hui l'offensive vers Bapaume et Bucquoy. La division Kummer a refusé l'attaque contre elle et se trouve près de Bapaume. La division de cavalerie est à Miraumont. Pour demain j'ordonne ce qui suit :

« 1° Le lieutenant-général Van Kummer gardera les abords de Bapaume.

« 2° La 3e division de cavalerie prendra l'offensive et marchera contre le flanc et les derrières de l'ennemi.

« 3° Le prince Albert se trouvera à neuf heures, avec trois bataillons, deux batteries, le 9e hussards, le 2e uhlans de la garde et une batterie montée, près de Bertincourt.

« Un escadron de hussards de la garde restera à Le Chelles
« 4° Un bataillon de chasseurs et deux batteries montées se trouveront à neuf heures au Transloy.

« 5° Le lieutenant-général van Barnekow mettra en marche les quatre batteries de la 2ᵉ division avec trois bataillons de manière que ces troupes se trouvent à neuf heures près de Sailly-Saillisel, entre Bapaume et Péronne, sous le commandement d'un officier d'état-major capable, mis à ma disposition.

« Il faut envoyer pendant la nuit des patrouilles de chaque division et de chaque détachement dans la direction de l'ennemi.

« Von Goeben. »

Conformément à cet ordre, l'armée ennemie, ayant ramassé les morts et les blessés, quitta, vers dix heures du soir, Béhagnies et Sapignies, où elle ne laissa que des avant-postes, pour s'établir fortement à Ligny-Tilloy, Grévillers, Biefvillers, Favreuil et Beugnâtre. Elle formait ainsi devant nous une demi-circonférence, dont le centre était Bapaume, que l'on devait défendre jusqu'à la dernière extrémité. Ses réserves étaient à Gueudecourt, Beaulencourt, le Transloy et Bertincourt. La division de cavalerie qui s'étendait de Miraumont à Hébuterne devait prendre l'offensive sur notre flanc droit et sur nos derrières (1).

Non-seulement les Allemands avaient élevé des barricades

---

(1) D'après des renseignements officiels, l'armée allemande pouvait se composer ainsi :

Têtes de colonnes	avec von Kummer,	12 bataillons	16 escad.	30 pièces.
	avec von Gœben,	5 bataillons	12 escad.	30 pièces.
Réserves qui ont à peu près toutes donné le 3 janvier.	avec le prin. Albert,	3 bataillons	8 escad.	24 pièces.
	au Transloy.	5 bataillons	—	24 pièces.
	vers Cambrai,	—	3 escad.	—
	à Lechelle,	—	1 escad.	—
Parc de réserve d'artillerie.				12 pièces.

Il y avait en outre 7 batteries et 30 pièces de position à Péronne, sans compter une forte garnison à Amiens.

aux entrées principales de Tilloy, de Favreuil et dans le faubourg d'Arras, mais ils avaient encore construit dans les haies des espèces de redoute avec de la paille, du fumier et des instruments aratoires, n'oubliant pas de faire les issues d'une manière irrégulière, afin de pouvoir reculer ou avancer sans aucun péril. Dans la nuit du 2 au 3 janvier, ils pratiquèrent les mêmes défenses à Gréviller, Biefvillers et Beugnâtre qu'ils avaient réoccupés. Un grand nombre de maisons furent aussi crénelées et les fenêtres garnies de sacs de cuir.

Vers sept heures du matin, nous a rapporté un témoin oculaire, le gros des forces prussiennes s'étendait sur la route de Biefvillers à Favreuil, et s'appuyait sur une puissante artillerie placée, par rapport à notre marche, à gauche d'Avesnes non loin du calvaire, à gauche et à droite des dernières maisons du faubourg d'Arras (1), près du moulin de Sapignies et aux haies de Favreuil et de Beugnâtre.

Le général en chef de l'armée française se préparait aussi de son côté à livrer une grande bataille.

Voici l'ordre donné le soir du 2 janvier au 22ᵉ corps :

« La 2ᵉ brigade du Bessol devra être réunie à la 1ʳᵉ à six heures du matin à Achiet-le-Grand, et elles se porteront ensemble à la pointe du jour sur Ervillers.

« La division Derroja devra hâter son mouvement le plus possible pour se porter par Achiet-le-Grand vers la canonnade.

« En conséquence cette division partira demain matin à sept heures précises d'Achiet-le-Petit.

« Le général Derroja devra se préoccuper, dès ce soir, de son convoi qui attend ses ordres à sept kilomètres au-delà de Bucquoi, du côté d'Arras. »

Le soldat ne peut se battre s'il n'a pris quelque nourriture. « Aussi, vers trois heures du matin, dit M. l'abbé

---

(1) Il y avait quatre batteries depuis Avesnes jusqu'au faubourg d'Arras et une batterie volante sur la route d'Avesnes à Bapaume.

Sterlin, dans les *Souvenirs de la campagne* 1870-1871, j'entendis sonner le clairon. Est-ce l'ennemi? non ; ce n'est point la sonnerie de charge, ni du boute-selle. On sonne au caporal, au sergent, il s'agit de faire la distribution des vivres.

« Combien de soldats se sont arrachés à leur sommeil pour courir à la distribution ! Je ne sais, mais lorsque dès six heures du matin, nous parcourûmes les rues du village, un spectacle curieux s'offrit à nos regards, Ceux que le clairon n'avait pu éveiller couraient partout après les chefs d'escouade, l'un demandant du pain, l'autre de la viande, celui-là du riz, cet autre du sucre ; c'était une vraie Babel. Les aides-de-camp criaient, tempêtaient, couraient partout de maison en maison, sur les places, dans les rues et ruelles ; il fallait vivement organiser le départ et attaquer l'ennemi au plus vite.

« Parmi les soldats, ceux que je vis moins prompts appartenaient à certains régiments de mobiles. Ces jeunes gens, presque toujours les mêmes, se plaignaient du manque de vivres, lorsque leurs camarades avaient toutes leurs rations.

« Enfin, à sept heures du matin, les colonnes de la 1re division s'ébranlent, et bientôt Achiet-le-Petit reprend sa calme physionomie, pendant qu'auprès de leurs foyers, des mères, des sœurs, des épouses égrainent leur chapelet, demandant à la Vierge la conservation des êtres qui leur sont chers. En longeant les maisons de ce village, j'entrevis plus d'une fois le touchant tableau d'une famille agenouillée et priant Dieu pour notre salut. »

La division du Bessol s'était mise en marche à six heures. D'après un ordre reçu pendant la nuit, elle s'était concentrée en avant de Bihucourt, sur le plateau nu qui s'étend de ce village à Sapignies.

Le bataillon d'infanterie de marine, appuyé par le 20e chasseurs à pied, fut, dès la pointe du jour, envoyé fouiller

Béhagnies et Sapignies que l'on croyait occupés par les Allemands. Pour leur dérober sa marche, il longea un ravin qui va jusqu'au Nord de Béhagnies. Arrivé à 300 mètres de ce village, le commandant Brunot y lança, au pas de course, une compagnie; mais il était déjà en notre possession, comme nous le verrons un peu plus loin. Toujours appuyée par le bataillon, cette compagnie se porta à la hâte sur Sapignies, que l'ennemi abandonna, non sans lui avoir envoyé quelques coups de fusil. Elle resta dans ce village avec une autre du 20e chasseurs, pour le défendre contre un retour agressif. A l'arrivée du 23e corps, ces compagnies rejoignirent leur bataillons qui, rentrés en ligne avec les deux autres du 69e de marche, se dirigeaient vers Biefvillers.

De son côté, le 23e corps ne restait pas inactif. Le commandant en chef, Paulze d'Ivoy, après avoir pris quelques heures de repos à Boyelles, était revenu de très-grand matin à Ervillers, où il tint un conseil de guerre après avoir reçu les ordres du grand-quartier général (1). C'est là qu'il apprit de la bouche du général Delagrange l'évacuation de Béhagnies par les Prussiens. Ce général, informé de l'occupation de Mory par la division Robin et celle de d'Achiet-le-Grand et de Bihucourt par la division du Bessol, crut et avec raison que les Allemands, ainsi découverts, ne chercheraient pas à tenir vigoureusement à Béhagnies. Il donna l'ordre aux compagnies du 65e de ligne postées en grand-garde sous le pont de ce village, d'y envoyer, avec toutes les précautions possibles, une petite reconnaissance. Le lieutenant Lescardet, qui connaissait le pays, s'offrit pour la diriger. Après l'échange de quelques coups de fusil, qui firent replier les postes avancés de l'ennemi, Béhagnies fut évacué. Le général Delagrange le fit occuper, à une heure du matin, par le commandant Marcerany avec trois compagnies du 47e mobiles (Nord). Vers six heures

(1) Ce conseil de guerre eut lieu dans une des salles de la ferme de M. Proyart.

cet officier, jugeant la position trop dangereuse, pensait à se replier, lorsque le colonel Lebel reçut l'ordre de se porter avec tout son régiment à Béhagnies et de l'occuper complétement. Sapignies fut aussi bientôt évacué par les Prussiens. Le général commandant le 23ᵉ corps prit en conséquence les dispositions suivantes : la brigade Delagrange, marchant en première ligne, se tiendrait dans ces villages et sur leurs flancs. Elle serait appuyée à droite par la batterie Dupuich, à gauche par celles d'Halphen et Dieudonné, soutenues elles-mêmes par de l'infanterie.

La brigade Michelet, fortement éprouvée, occuperait la deuxième ligne.

La division Robin se déploierait à gauche de la division Payen qu'elle appuierait en tournant à l'est Favreuil, tandis que la brigade Delagrange l'attaquerait à l'ouest : le 23ᵉ corps se reliant ainsi avec la gauche du 22ᵉ corps (1).

Le 3 janvier, dès qu'il fit jour, le 65ᵉ de ligne s'établit en tête de Sapignies, s'abritant dans les maisons contre le feu très-violent de l'artillerie ennemie, qui, placée près des moulins à vent, prenait la grande route en enfilade. Le 24ᵉ chasseurs se tint aussi dans ce village, pour soutenir la batterie Dupuich installée à droite et les batteries Dieudonné et Halphen à gauche. Le 47ᵉ mobiles (du Nord) était en arrière sur la gauche de Béhagnies ; il couvrait de ses tirailleurs les batteries contre les masses ennemies, qui se montraient entre Favreuil et Mory. Il était appuyé par le 5ᵉ mobilisés du Pas-de-Calais. Le 33ᵉ, arrivant de Gomiecourt, se plaça d'abord à la gauche de Sapignies.

Un feu terrible d'artillerie commença. La batterie Dieudonné, installée à la sortie de Sapignies, près de la briqueterie, eut à soutenir une lutte terrible avec l'artillerie prussienne placée près du moulin de ce village et de Favreuil. Elle fut souvent couverte de projectiles, et le

(1) Rapport du chef d'état-major.

24ᵉ chasseurs dût fournir 15 hommes de bonne volonté pour remplacer les servants mis hors de combat. Les habitants nous ont dit qu'elle avait eu plusieurs pièces démontées.

La batterie Dieudonné prit position à 200 mètres un peu en arrière, sur un terrain favorable, qui la dérobait à la vue de l'ennemi. Elle soulagea considérablement celle d'Halphen en répondant aux batteries prussiennes de Favreuil et de Beugnâtre ; ses obus allumèrent quelques incendies dans ce dernier village.

La batterie Dupuich, placée près du tumulus de Sapignies, put prendre en écharpe celle de l'ennemi et la força enfin à changer de position.

Vers six heures, la division Robin était sortie de Mory, et jusqu'à sept heures elle avait ouvert des tranchées qui formaient une ligne perpendiculaire à la route de ce village à Favreuil, et oblique à celle d'Arras à Bapaume. Le commandant du 23 corps vint lui-même la disposer en bataille. Comme le général Robin ne se mettait jamais en communication avec lui, le général Paulze d'Ivoy, après une vigoureuse admonestation, laissa auprès de lui M. Pinot, sous-lieutenant de dragons, attaché à son état-major, pour l'informer aussitôt de ce qui se passerait.

Il n'était pas revenu d'une demi-heure au tertre de Sapignies que M. Pinot vint à bride abattue informer le commandant du 23ᵉ corps, que toute la division Robin était en débandade, à l'exception du bataillon des voltigeurs.

Quelle en était donc la cause ? Une batterie ennemie placée près du moulin au-dessus de Beugnâtre avait pris en écharpe la 2ᵉ brigade, et lui avait mis un grand nombre d'hommes hors de combat. Il était bien facile de modifier cette position, au lieu d'abandonner le champ de bataille. Mais on ne crée pas un général avec le premier venu, fût-il homme de cœur et ardent républicain, en lui disant : » De par la République, sois général ! » Et d'ailleurs, des mouvements exécutés sous le feu de l'ennemi, si peu compliqués qu'ils soient, exigent des troupes exercées et des officiers aguerris. C'est ce que l'on ne pouvait trouver chez les mobilisés. La plupart des officiers, aussi inexpérimentés, aussi conscrits que leurs hommes, prirent la fuite ; leurs soldats les imitèrent ; l'artillerie, ne se voyant plus appuyée, se replia aussi en toute hâte ; il s'ensuivit un sauve-qui-peut presque général. C'est ce que constate le général Robin lui-même dans son ordre du jour n° 62.

« Le second jour, les troupes lentement réunies, se sont cependant portées en ordre sur les hauteurs, et la bataille promettait un succès décisif, si la 2e brigade n'avait reculé sous le feu d'une batterie d'écharpe.

« Malheureusement, les nouveaux régiments ont trop faibli ; le mouvement de recul s'est changé en fuite pour les lâches, et quelques gens de cœur se sont laissé entraîner dans une débandade inouïe. Justice va être faite, et je ne veux pas laisser déshonorer les mobilisés du Nord pour ceux qui ont eu peur. Les chefs de corps vont m'envoyer de suite la liste des officiers qui ont fui, et je demanderai leur destitution immédiate. Ceux qui ont abandonné leurs armes, passeront en cour martiale, etc. »

En vain, le général Paulze d'Ivoy fit-il ordonner par son état-major au général Robin de revenir au moins sur les hauteurs, qui limitaient l'horizon sur la gauche : ses masses profondes pouvant faire ombre au tableau et donner à réfléchir à l'ennemi. Ce général prétexta la crainte d'être tourné et ne voulut jamais sortir d'un pli de terrain pour se porter sur le plateau, bien que ses troupes s'y trouvassent encore à l'abri des projectiles.

Pendant ce temps, le général du Bessol, informé de l'occupation de Béhagnies et de Sapignies par les Français, porta sa division sur Biefvillers. La tête de ses colonnes fut saluée entre sept et huit heures par les premiers coups de fusil de l'ennemi fortement établi à Biefvillers et dans la plaine entre ce village et la route d'Arras. Les batteries Beuzon et Chaton commencèrent à lancer quelques obus sur plusieurs escadrons de cavalerie, qui se cachaient derrière les ondulations du sol du côté de Bapaume et les mirent en fuite ; mais bientôt elles eurent à répondre à l'artillerie ennemie. Nos tirailleurs avaient aussi engagé une vive fusillade, lorsque le général du Bessol donna l'ordre au 1er bataillon du 43e (69e de marche) commandant Périer (1) de s'emparer de Biefvillers, et de s'y maintenir à tout prix. Le bataillon partit au pas de course, sans tirer un seul coup de fusil pendant sa marche pour ne pas la retarder. A trois cents mètres seulement, les tirailleurs ouvrirent le feu pour riposter à celui de l'ennemi.

Pendant que la 1re compagnie tournait le village par la droite et la 5e par la gauche, le commandant Périer l'attaquait de front avec les trois autres. Nous fûmes accueillis, nous dit un des principaux acteurs de ce combat, par une grêle de balles, qui n'eut d'autre résultat que d'activer l'ardeur de nos braves lignards. Les Prussiens, repoussés des haies et des premières maisons, et déconcertés par notre course audacieuse, se retirèrent au centre du village, dont ils avaient crénelé les maisons et les toits, et nous opposèrent la plus vive résistance. Nous fûmes obligés de prendre comme d'assaut chaque haie, chaque arbre, chaque enclos, chaque maison ; encore étions-nous exposés à un feu meurtrier, qui nous venait de toutes parts. Mais le combat changea de face, lorsqu'arrivèrent les compagnies dirigées à droite et à gauche du village. En se resserrant sur le centre, elles avaient cerné l'ennemi, qui, à son tour attaqué de tous côtés, commença à plier et abandonna Biefvillers.

---

(1) M. Périer est ce brave officier qui, après avoir résisté aux menaces des communards, a ramené à Versailles, le 23 mars 1871, son régiment avec armes et bagages et trois pièces de canon.

Mais voici que deux nouvelles colonnes s'élancent du fond d'un ravin et viennent au secours des troupes que nous repoussons. Protégées par leur artillerie, qui nous couvre d'obus, elles tentent l'assaut du village ; l'ennemi sait très-bien que là se trouve la clef de Bapaume. Nos soldats, accablés par le nombre, redoublent de valeur ; ils sont néanmoins obligés de reculer. Le général du Bessol envoie à leur secours deux compagnies du 18e chasseurs et ensuite un bataillon des mobiles du Gard. Mais le feu nourri des Prussiens embusqués derrière le remblai du chemin de fer ne permit à ces derniers que de menacer le village par le flanc droit.

La lutte continue avec d'effrayantes péripéties ; nos soldats font des efforts presque surhumains et parviennent de nouveau à déloger les Prussiens de Biefvillers ; mais ce n'est que pour un moment encore ; car l'ennemi revient en grandes forces et refoule nos troupes jusqu'aux premières maisons. Il pouvait être environ neuf heures. C'est alors que la division Derroja arriva d'Achiet-le-Petit. Le long espace, qu'elle avait eu à parcourir, ne lui avait pas permis d'entrer plus tôt en ligne. La presque totalité de la 1re brigade se disposa immédiatement pour concourir à la prise de Biefvillers. Pendant ce temps, des ennemis, postés dans le clocher, prenaient pour point de mire le commandant en chef, escorté de son état-major, qui se trouvait au milieu des colonnes. Les balles sifflaient, rapporte M. l'abbé Sterlin, et venaient casser devant nous et autour de nous les mottes de terre gelées. Heureusement personne ne fut atteint.

Nos troupes s'élancèrent avec un entrain irrésistible. « Je dirigeai sur la droite de Biefvillers, nous dit dans son rapport le brave colonel Aynès, de si regrettable mémoire, une compagnie du 2e bataillon de chasseurs à pied ; et sur la gauche une autre du même bataillon ; ces deux compagnies étaient précédées de quelques éclaireurs. Au centre, sur la route même, une compagnie s'avançait en colonne par sections ; le reste du bataillon suivait en colonne. Le village, dont l'attaque avait été déjà commencée, fut vivement abordé par les chasseurs vigoureusement conduits et habilement dirigés par M. Boschis. Les deux bataillons du 75e de ligne appuyèrent l'attaque à gauche et au centre ; celui du 65e fut porté à droite de la route pour relier la brigade Aynès à la brigade Pittié. »

La lutte recommença dans Biefvillers avec un nouvel acharnement. On se bat à la baïonnette dans les cours, dans les maisons, dans les prairies ; on se fusille à deux mètres de distance ; souvent même une haie sépare les combattants. L'ennemi ne cède le terrain que pied à pied. Vers dix heures, il est définitivement chassé du village, malgré la défense la plus héroïque, la plus désespérée du 33e de ligne, composé en grande partie de Polonais, les plus vaillants soldats de l'armée prussienne. Quinze hommes de ce régiment, cernés dans le cimetière, ne veulent pas se rendre ; ils sont passés au fil de l'épée ; trois autres se laissent également brûler dans une maison incendiée par les obus, plutôt que de déposer les armes. Quelques-uns n'ayant pas eu le temps de se replier, s'étaient cachés dans le grenier d'une maison non éloignée d'une ambulance. Lorsque nous apportions des blessés, ils ne tiraient pas ; mais à peine étions-nous sortis qu'ils faisaient un feu meurtrier. Un capitaine, mortellement frappé, s'était écrié en tombant : Vengez-moi, les ennemis sont dans le grenier de la maison contiguë à l'ambulance. Ses soldats s'élancent aussitôt comme des lions. Sommés de se constituer prisonniers, les Allemands refusent obstinément de le faire ; ils trouvent la mort dans l'incendie de la maison. Leurs cadavres brûlés exhalaient encore le soir une odeur empestée, sans analogie avec rien de connu.

Le combat fut tellement violent en certains endroits que

près de l'église gisaient étendus dans des flaques de sang un grand nombre d'ennemis. Nous avons vu une pépinière hachée par les projectiles ; plusieurs arbres de la prairie de M. Lejosne portaient chacun plus de quarante empreintes de balles (1).

« Lorsque nous eûmes atteint la lisière, continue le colonel Aynès, des feux de salve bien commandés, joints aux feux de peloton de l'infanterie de marine et du 20ᵉ bataillon de chasseurs, firent éprouver des pertes considérables à l'ennemi, qui se repliait en désordre. Toutefois nos soldats ne purent, pendant un assez long temps, déboucher du village, contenus qu'ils étaient par le feu des batteries ennemies et des tirailleurs, qui occupaient, en face de notre front, la route d'Arras à Bapaume. »

Le brave colonel Tramond essaya bien de sortir au sud-est de Biefvillers, afin de déborder complétement la position, et de se porter sur Avesnes où les Allemands tentaient de s'établir au milieu du plus grand pêle-mêle. Mais, accueilli par l'artillerie prussienne placée près de ce village et au faubourg d'Arras, il fut obligé de renoncer momentanément à cette marche en avant, et de s'abriter dans un chemin creux qui, longeant les haies de Biefvillers, se dirige sur Bihucourt. « Sur la droite de Biefvillers, la route de Bapaume, un peu encaissée, permit néanmoins à une compagnie du 2ᵉ chasseurs et à deux compagnies du 65ᵉ de s'avancer sur Avesnes ». Dans ce mouvement agressif, nous éprouvâmes quelques pertes ; nos tirailleurs, rencontrèrent des forces trop nombreuses qui ne leur permirent pas d'atteindre le village. En vain, le brave capitaine Ducoté fit-il charger ses hommes à la baïonnette, il tomba victime de sa bouillante valeur, avec trois de ses sous-officiers, non loin de la chaussée du chemin de fer. Ses soldats furent rabattus sur la droite vers Grévillers

---

(1) Sur un effectif de 450 hommes, le 1ᵉʳ bataillon du 43ᵉ (69ᵉ de marche) eut 15 tués, 57 blessés et 22 disparus.

qui n'était pas alors occupé. Deux compagnies du 18e chasseurs furent aussitôt portées en avant, l'une en tirailleurs, à mi-côté de la route de Biefvillers, et l'autre, dont l'effectif avait été considérablement réduit à Pont-Noyelles, un peu en arrière. C'est en ce moment que l'ennemi voulut faire contre Grévillers une démonstration qu'arrêtèrent la bonne contenance des trois compagnies qui se repliaient et l'arrivée des troupes de la 2e brigade.

Pendant que la brigade Aynès, agissant de concert avec une partie des troupes du général du Bessol, s'emparait de Biefvillers, la brigade Pittié, composée du 17e bataillon de chasseurs, du 68e de marche et du 46e mobiles (Nord), marchait contre Grévillers, où elle était accueillie par un feu d'artillerie peu nourri et assez mal dirigé. Après avoir lancé quelques obus sur ce village, le général prescrivit au 17e bataillon d'y pénétrer, tandis que le 68e le tournerait par la droite. Cet ordre fut exécuté avec le plus admirable entrain. Les ennemis, tournés sur leur gauche et menacés sur leur droite, abandonnèrent bien vite les quelques embryons de barricades qu'ils avaient construits et se replièrent sur Bapaume. Les tirailleurs du 17e, commandés par M. Danflous, entrèrent à Grévillers presque sans coup férir et allèrent s'établir en avant de ce village où ils aidèrent à repousser le mouvement agressif dont nous avons parlé plus haut. « Le 46e mobiles, qui devait appuyer l'attaque, dit M. Lecomte, dans ses *Souvenirs de la campagne du Nord*, n'eut rien à faire. Si nous espérions trouver Grévillers rempli de Prussiens, nous fûmes déçus dans cette espérance. Nous traversâmes tout le village, mais les Prussiens, que nous aperçûmes, étaient des prisonniers. »

Une section de tirailleurs du 17e parvint à se glisser dans un chemin creux, où ils prirent à revers des embuscades prussiennes, qui tenaient en échec nos tirailleurs placés à découvert, en avant de nos batteries. Ces embuscades, surprises par un feu bien dirigé, abandonnèrent précipitamment leurs postes, laissant sur le terrain un grand nombre de morts et de blessés.

Le mouvement tournant du 68e de marche avait été aussi rapidement exécuté. Ce régiment avait dépassé Grévillers et pris position derrière deux petits bois (les bois *Grignons*) sur le point culminant du plateau, qui domine la route de Bapaume à Albert. Sa ligne de tirailleurs, formée de deux compagnies, fut portée sur cette même route en face, à 800 mètres environ de Tilloy. Elle avait son centre, à la hauteur d'une maison isolée, dite le cabaret Fricourt.

L'occupation de Biefvillers était très-dangereuse par la pluie de projectiles que faisaient tomber sur ce village les batteries prussiennes. Il fallait les réduire au silence. Le brouillard, qui venait de se dissiper, nous permit de le faire avec succès. Il s'engagea alors un combat très-violent d'artillerie. Le général Lecointe avait ordonné à la batterie Bocquillon, placée à quelques centaines de mètres en avant de Bihucourt, de se porter le plus rapidement possible sur la droite de Biefvillers. Cette batterie exécuta ce mouvement au trot et prit position à 1800 mètres environ de l'artillerie ennemie, la droite appuyée à la tranchée du chemin de fer, et la gauche au village de Biefvillers (1). Son feu fut bientôt fortifié par celui de la batterie Collignon qui vint s'établir à sa droite. Cette batterie, étant très à découvert, fut violemment battue par les Prussiens. Comme elle avait eu soin, d'après les ordres de l'intrépide chef d'escadron Pigouche, commandant l'artillerie du 22e corps, de laisser un grand espace entre chaque pièce, les coups de l'ennemi passaient fort heureusement sans toucher personne. Elle eut néanmoins quelques moments d'angoisse : deux pièces de la section de gauche furent démontées successivement, et pour comble

(1) Elle eut 6 hommes blessés dont 3 grièvement, 1 cheval tué et plusieurs blessés.

d'accident, un servant cassa un dégorgeoir dans la lumière d'une troisième, de sorte que la batterie fut un moment réduite à trois pièces. Le général Derroja, qui se trouvait un peu en arrière du moulin de Grévillers, informé de ce qui se passait, envoya aussitôt la batterie de 12 (capitaine Giron). L'artillerie prussienne partagea alors ses coups, et la batterie Collignon put réparer ses dégâts et recommencer une vive canonnade (1). Les batteries françaises, installées près du chemin qui va de Biefvillers à Grévillers, étaient flanquées et protégées par le 91e mobiles (Pas-de-Calais) (2).

A l'Est de Biefvillers, la batterie Beauregard, de la 2e division, avait aussi ouvert son feu. « Arrivés près des jardins de ce village, nous écrit un officier supérieur, nous plaçâmes la section de droite (Lieut. Brienne), dans une position un peu en arrière, d'où elle pouvait ainsi distraire les batteries prussiennes, dont le tir très-précis gênait le mouvement des troupes et le placement du reste de la batterie destinée particulièrement à les combattre. Nous pûmes alors nous établir aussi bien que possible à gauche du village, à moins de 1300 mètres de l'artillerie ennemie. Les premiers moments furent très-durs, car nous n'avions que trois pièces à opposer à un nombre beaucoup plus considérable. En moins d'une demi-heure nous eûmes 17 chevaux et 9 hommes tués ou blessés et l'adjudant étourdi par un éclat de projectile qui lui enleva sa giberne. Néanmoins l'artillerie prussienne dut à cette bonne portée céder à notre 12 ».

Alors le commandant Tramond, jugeant le moment favorable de marcher en avant, forma de nouveau ses colonnes d'at-

(1) Dans cette première position, cette batterie eut un maréchal de logis tué et 14 hommes blessés. Elle perdit aussi 14 chevaux.

(2) Dans l'après-midi, ce régiment fut placé par bataillons en masse dans un pli de terrain situé auprès des maisons du faubourg d'Arras ; il resta dans cette position jusqu'à sept heures du soir, par un froid des plus vifs.

taque, et s'élança du chemin creux, au pas de course, sur Avesnes, malgré le feu des tirailleurs ennemis. Mais le nombre des soldats, qui tombaient, l'obligea bientôt à masser sa troupe dans un pli de terrain, à l'abri de la fusillade (1).

Notre artillerie parvint, vers midi, à réduire au silence celle de l'ennemi. Il y eut alors une interruption du feu sur toute la ligne, une espèce d'entr'acte dans le drame sanglant qui se déroulait. Des deux côtés on exécutait des mouvements devenus nécessaires ; l'armée française se portait en avant par un mouvement concentrique sur Bapaume ; l'armée prussienne se fortifiait dans cette ville et les faubourgs, et reportait ses canons en arrière. La division Derroja déboucha de Grévillers et de Biefvillers ; celle du Bessol déployée depuis ce dernier village jusqu'à Sapignies exécutait sa marche en bataille en avant. Tout le 22ᵉ corps, nous écrit M. Farjon, chef d'état-major, vint dans un ordre admirable cerner la position de Bapaume ; j'ai encore devant les yeux ce beau spectacle ; on manœuvrait avec la même précision que sur un polygone.

Le 23ᵉ corps, comme nous le verrons plus loin, opérait alors un mouvement analogue sur Favreuil.

La première brigade de la division du Bessol, général Fœrster), renforcée par le 91ᵉ de ligne (72ᵉ de marche), de la deuxième brigade (général de Gislain), s'avança, précédée de nombreux tirailleurs, sur le faubourg d'Arras. Une compagnie du 72ᵉ occupa les deux moulins de M Parel, d'où les Prussiens venaient d'être chassés par les obus de la batterie Beuzon (2). Cette batterie ayant préparé, par ses projectiles, l'attaque du faubourg, le bataillon d'infanterie de marine (commandant Brunot, fut lancé sur la partie nord, à droite et à gauche de la route. C'était une très-sage mesure : une barricade

(1) Le capitaine Roux fut tué d'une balle au ventre.
(2) Ces deux moulins avaient, dès le commencement de la journée, servi d'observation au général von Kummer.

en défendait l'entrée. Dans le même temps, le deuxième bataillon du 43ᵉ (le premier était en réserve), de concert avec le 20ᵉ chasseurs, gravissait un talus assez rapide et attaquait le côté sud ouest, qui regarde Avesnes.

Des haies très-épaisses de charmille clôturent les jardins du faubourg du côté de la campagne. Les Prussiens en avaient encore barricadé tous les sentiers. Mais le courage de nos soldats croît en proportion des difficultés qu'ils rencontrent. Malgré un feu plongeant, ils franchissent tous les obstacles ou se font avec leur sabre-baïonnette des ouvertures à travers les haies. L'infanterie de marine, fortifiée par trois compagnies du 72ᵉ (1), attaque les premières maisons et le cimetière, où l'ennemi s'était retranché. Les âmes de nos pères ne durent-elles pas tressaillir d'étonnement, en voyant leurs corps foulés aux pieds par les fils de ceux qu'ils avaient vaincus tant de fois. Après un combat acharné, nous parvînmes à déloger les Prussiens, qui, assaillis dans leur retraite par le feu des petits postes français, placés autour de l'usine de MM. Provins, se débandèrent et ne purent rentrer dans Bapaume. En ce moment, comme nous le verrons un peu plus bas, nous étions en possession de cette usine.

Le capitaine Philémon Martin, du 72ᵉ, quoique grièvement blessé à l'humérus, se mit à poursuivre, avec sa compagnie et une section de la 3ᵉ, l'ennemi jusqu'à St-Aubin. Il s'empara, malgré la plus vive résistance, de la ferme Camiez; mais bientôt frappé d'une balle, il tomba pour ne plus se relever. Sa mort ébranla le courage de ses soldats, qui se replièrent sur le faubourg d'Arras, abandonnant même leurs blessés.

De leurs côtés, le 43ᵉ de ligne et le 20ᵉ chasseurs étaient parvenus à se rendre maître du reste des maisons, qui sont sur la droite du faubourg, et avaient engagé une vive fusillade avec

(1) Les pertes du 72ᵉ de marche ont été, dans la journée, de 155 hommes tués ou disparus.

l'ennemi retiré dans la fabrique de MM. Provins, ou abrité derrière des monceaux de grès, qui se trouvaient près de l'abreuvoir. Cette fusillade ne dura pas longtemps : nos soldats, impatients de la victoire, traversèrent la route, malgré une pluie de balles, à la hauteur d'une grange en torchis, sous la conduite du brave colonel Fœrster. Nous cûmes plusieurs morts et beaucoup de blessés. Rien ne put toutefois arrêter l'élan de nos troupes qui, bravant tous les dangers, pénétrèrent par le jardin dans l'usine, où s'engagea un combat corps à corps. L'ennemi, culbuté de toutes parts, s'enfuit vers la ville. Il nous fut impossible de le poursuivre. Aussitôt qu'un soldat se montrait à découvert, un feu très-vif, partant du beffroi et de la barricade établie à l'entrée de la rue d'Arras, l'étendait raide mort. Pas une brique de la fenêtre de l'usine, en face la ville, qui ne fut mortelée par les balles. La grand'-porte de M. Pigou fut littéralement criblée de projectiles.

Pour diminuer l'intensité de la mousqueterie ennemie, le commandant Peltey fit monter ses meilleurs tireurs au premier étage ; il y eut jusqu'à la nuit, de part et d'autre, échange de coups de fusils, mais sans aucun résultat sérieux.

Les chasseurs étaient aussi parvenus à traverser la route d'Albert, et s'étaient emparés des quelques maisons ou granges bâties vis-à-vis la ville et le gazomètre ; ils ne purent jamais les dépasser.

Nous pourrions citer plusieurs traits d'héroïsme de nos braves soldats au faubourg d'Arras. Nous nous contenterons de rapporter celui d'un jeune tambour. Il se glissait le long de la maison de MM. Provins jusqu'au mur de l'abreuvoir d'où, à genoux, il tirait sur les défenseurs de la barricade, il revenait ensuite charger son fusil sous la porte d'entrée. Quinze fois, il fit impunément la même manœuvre ; mais à la seizième, il fut tué.

L'ennemi était donc complétement refoulé du faubourg d'Arras. A ce succès avaient aussi concouru les batteries Beauregard et Beuzon, qui, sur l'ordre du général Faidherbe, s'étaient établies sur la route et dans les champs, à 300 mètres de ce faubourg afin de répondre aux batteries prussiennes placées sur les hauteurs de celui de Péronne. La batterie de 12 ouvrit son feu à 1,600 mètres ; par suite des mouvements de l'ennemi, elle fut obligée d'augmenter la hausse jusqu'à 2,800 mètres. La batterie Beuzon, d'un calibre inférieur, dut, pour avoir un tir plus sûr et plus efficace, s'établir au-delà de la route, sur le versant du plateau, de manière à prendre en écharpe l'artillerie ennemie. Ces batteries conservèrent cette position jusqu'à la fin de la journée (1).

Pendant que la division du Bessol s'emparait du faubourg d'Arras, la brigade Aynès marchait sur Avesnes. L'ennemi qui, abrité par les haies et par les maisons, avait jusqu'alors énergiquement soutenu le feu des tirailleurs français, quitta si précipitamment ce village, qu'il y laissa ses blessés et ses ambulances. Parvenu à 200 mètres d'Avesnes, le 2ᵉ chasseurs, qui avait suivi la route, à l'exception de deux compagnies, mit baïonnette au canon, prit le pas de course, et arriva jusqu'au Calvaire, sans rencontrer la moindre résistance. En vain le commandant voulut-il le dépasser ; il fut assailli par une décharge qui lui mit neuf hommes hors de combat (2). En ce moment arrivait aussi par la gauche, le 67ᵉ de marche avec les tirailleurs du 91ᵉ de ligne. Le terrain qu'il venait de parcourir était jonché de morts ennemis tombés en fuyant de

(1) Les pertes de la batterie Beuzon furent 2 hommes tués, 5 hommes blessés et 6 chevaux tués et hors de combat ; celles de la batterie Beauregard furent pour toute la journée 18 hommes tués ou blessés et 37 chevaux, dont 33 restés sur place.

(2) Dans la journée, le 2ᵉ bataillon de chasseurs a perdu 2 officiers et a eu 126 sous-officiers et soldats hors de combat, tués, blessés ou disparus.

Le 67ᵉ régiment a perdu 93 hommes tués ou blessés, un officier tué et 2 blessés.

Biefvillers. Il y en avait beaucoup plus de ce côté que sur la route.

Il est difficile de se figurer comment les balles faisaient rage à l'entrée d'Avesnes vers Bapaume. « Un feu très-vif, dit M. l'abbé Sterlin, accueillit le 91ᵉ de ligne avec lequel je me trouvais. Il me fallut bien vite descendre de cheval, courir environ cinquante mètres sur la route qu'enfilaient les projectiles et m'abriter derrière l'angle d'un bâtiment pendant que les coups de fusil atteignaient ce bâtiment partout, et en perçaient les murs en torchis de terre. Je fis mon acte de contrition, car je croyais vraiment toucher à ma dernière heure. »

Sur ces entrefaites arriva le général en chef. Il fit former aussitôt une colonne d'attaque composée du 2ᵉ bataillon de chasseurs et du 67ᵉ de marche. A peine les chasseurs, qui tenaient la tête de la colonne, furent-ils parvenus au Calvaire qu'une grêle de balles lancées de la gare, des premières maisons et des remblais du chemin de fer, vint les assaillir. Une pièce de montagne, placée dans l'ouverture faite au mur du jardin de l'établissement appelé Milan, vomissait sur eux la mitraille. En un instant, une vingtaine de chasseurs des premiers rangs furent tués ou blessés. Le général Faidherbe, voyant l'impossibilité de déboucher d'Avesnes sur un terrain qui nous laissait complétement à découvert, donna l'ordre d'arrêter le mouvement. Les troupes restèrent dans ce village jusqu'à la nuit, et tiraillèrent avec l'ennemi qui n'osa plus se montrer.

Cette marche sur Avesnes avait été appuyée par plusieurs compagnies du 18ᵉ chasseurs. La compagnie du capitaine Martin, à la tête de laquelle se trouvait le commandant Pichat, se dirigea sur Bapaume, en tournant Avesnes par la droite, et en s'abritant de la chaussée du chemin de fer qu'elle avait à sa gauche. A peine fut-elle démasquée qu'accueillie par une vive mousqueterie, elle n'eût que le temps de se jeter dans les constructions attenant au moulin de M. Pajot; elle ne put jamais les dépasser; elle pénétra toutefois dans le moulin, fit des ouvertures dans le toit et dirigea un feu précis sur l'ennemi massé dans la gare. La compagnie du capitaine Barlin, qui, après avoir traversé la chaussée du chemin de fer, avait appuyé à droite, était parvenue au chemin de Gréviliers à Bapaume; elle le suivit; mais quand elle en eut franchi l'encaissement, elle fut exposée à un feu très-meurtrier, qui partait du donjon et des jardins construits sur les anciens retranchements. Elle se rabattit aussitôt dans le chemin creux qui fait un coude en cet endroit; malheureusement ce chemin se trouvait enfilé à 100 mètres; l fallut donc en sortir au coude. Une déclivité de terrain permit au capitaine Barlin, officier d'une grande bravoure, d'arriver jusqu'au cabaret Théry, qui le rapprochait de la ville. Jamais il ne put aller plus loin. En quelques minutes, il eut son sous-lieutenant et dix hommes de blessés. Ce feu, nous a-t-on affirmé, mille fois plus terrible que dans les grandes journées de Metz, força cette compagnie à se retirer sur le moulin de M. Poteau.

En ce moment le 17e bataillon de chasseurs (brigade Pittié), entrait en ligne. Le commandant Monnier ne parlait de rien moins que d'enlever Bapaume de vive force. Il put faire parvenir ses soldats par petites fractions jusqu'au moulin de M. Pajot. Pendant qu'une compagnie, déployée en tirailleurs sur la droite et abritée des arbres et des plis de terrain, engageait une vive fusillade, la 3e compagnie s'avançait sur la route d'Albert à Bapaume avec ordre d'enlever le faubourg. Cette marche s'exécutait avec la plus grande résolution, lorsque l'ennemi, retranché dans la gare, dans les premières maisons et les restes des fortifications, comme nous l'avons dit, dirigea un feu meurtrier sur nos braves soldats, qui, bien qu'à découvert, continuèrent d'avancer et de s'établirent dans les maisons et derrière des monceaux de briques.

Ils furent bientôt appuyés par le reste du bataillon, sous les ordres directs de son commandant. Mais ils ne purent jamais parvenir au talus formé par l'enlèvement des terres, tellement la mousqueterie était meurtrière. M. Cornet, commandant l'artillerie de la première division, ordonna alors à la batterie de 8 (capitaine Montebello), placée à droite du chemin de fer, à la hauteur d'Avesnes, de tirer sur la gare et les bâtiments environnants. Elle le fit avec tant de succès que les Prussiens ne tardèrent pas à les évacuer et à rentrer en ville. En vain voulurent-ils établir une batterie sur la fontaine pour la contrebattre, ils ne purent jamais réussir. Il pouvait être deux heures.

A l'extrême droite, le combat n'était ni moins sanglant, ni moins décisif. Le général Lecointe, ayant appris que Tilloy était occupé par l'ennemi et qu'une colonne prussienne s'avançait de ce côté sur la route d'Albert, voulut s'opposer à cette tentative de nous tourner ; il donna l'ordre au 68ᵉ de ligne (colonel Cottin) d'enlever ce village dont les rues étaient barricadées et les maisons crénelées.

Le premier bataillon fut déployé en tirailleurs, non loin de deux moulins, dans le chemin creux qui traverse la plaine entre Bapaume et Tilloy, prêt à appuyer l'attaque sur la ville ou sur le village. En attendant, il se mit à échanger de nombreux coups de feu avec l'ennemi, abrité dans le chemin qui sort du faubourg de Léboeuf. Le 46ᵉ mobiles (Nord) se tint en réserve, derrière la batterie Collignon et une batterie de marine établies sur le plateau qui s'étend de Grévillers à Bapaume. Le 2ᵉ bataillon du 68ᵉ (commandant Martin), alla se masser dans un pli de terrain en avant de la route d'Albert. Il était environ midi. L'ennemi, apercevant ce mouvement de nos troupes, voulut l'arrêter en plaçant une batterie entre le faubourg d'Arras et la ville. Elle fut à l'instant démontée par la batterie de marine.

Aussitôt que notre artillerie eût facilité par ses obus l'attaque de Tilloy, le deuxième bataillon, précédé d'une compagnie en tirailleurs du premier bataillon (capitaine Isnard), quitta sa position, et se précipita en avant. Mais à peine nos braves soldats eurent-ils franchi une distance de 150 à 200 mètres, qu'ils furent criblés par un feu de mousqueterie venant des bois et des haies qui entourent le village. Nos pertes sont sérieuses ; le bataillon et les tirailleurs sont ramenés, abrités et renforcés. Le colonel Pittié, commandant la brigade, ordonne à une batterie de marine d'aider à déblayer les abords de Tilloy. Quelques temps après, nos troupes reprennent, sous un feu meurtrier, leur pas de course ; protégées vigoureusement par l'artillerie, elles arrivent, sans tirer un coup de fusil, à un groupe de maisons situées dans cette plaine une à 300 ou 400 mètres du village. C'était un abri contre la fusillade. L'ordre est remis dans les rangs ; le bataillon est divisé en deux colonnes dont l'une, sous les ordres du capitaine Etienne, doit attaquer le village de front, et l'autre par les flancs. Nos batteries redoublent leur tir, soit sur celles de l'ennemi, soit sur Tilloy. Nos colonnes s'élancent sur le village qu'elles atteignent en quelques minutes : les haies et les bosquets sont franchis sur tous les points. L'attaque est tellement impétueuse que les premières maisons, encore garnies de leurs défenseurs, tombent en notre pouvoir. On s'aborde à l'arme blanche dans les cours, dans les jardins, dans les prairies et les habitations. L'ennemi est définitivement chassé de Tilloy, vers deux heures et demie, après une lutte héroïque qui nous coûta cinq officiers et quatre-vingts hommes environ tués ou blessés (1). Les pertes des Prussiens furent plus considérables que les nôtres ; elles ne peuvent être évaluées exactement puisque l'ennemi enleva

(1) Voici les noms des officiers tués et blessés : Cugnet, sous-lieutenant, tué ; Thierry, capitaine, blessé à la jambe ; Mangin, lieutenant, pied gauche emporté ; Bautenhuer, lieutenant, coup à la cuisse ; Levavasseur, capitaine, blessé à la tête. 48 soldats disparus.

ses morts pendant la nuit. La veuve Abraham Roussel, dont la maison fut successivement envahie par les Français et par les Prussiens, assure avoir vu, dans l'aire d'une grange voisine de sa demeure, une quarantaine de cadavres ennemis.

L'artillerie française avait fait merveille. Les officiers avaient déployé la plus grande bravoure. L'un d'eux, dit un témoin oculaire, posté sur un arbre, dirigeait le feu de sa batterie du haut de ce nouvel observatoire. Un autre, pour bien voir l'ennemi, était presque toujours debout sur l'affût d'un canon. Aussi les batteries allemandes, placées au-dessus de la chapelle de M. Sellier et ensuite aux Douze, ne purent-elles point tenir longtemps ; elles se portèrent dans la direction du Transloy, laissant le sol jonché de débris et de chevaux.

Nos soldats, entraînés par leur ardeur, essayèrent de sortir de Tilloy pour se porter sur Ligny, défendu par 2000 Prussiens. Il leur fut impossible de traverser la petite plaine qui se trouve entre ces villages. Une fusillade des plus violentes partait de l'école, des maisons crénelées et du chemin creux qui relie Ligny à Tilloy.

Cependant le colonel Pittié reconnaissant que, poursuivre notre succès c'était couper la retraite de l'ennemi sur Bray, donna l'ordre au 17e chasseurs, qui tiraillait sur Bapaume, de prendre position sur la route d'Albert, à l'intersection du chemin qui conduit à Tilloy. L'ennemi contraria la marche du bataillon par plusieurs volées de mitraille. Un obus tomba même à côté du colonel Pittié et du commandant Monnier, qui marchaient à la tête des troupes. Les colonnes d'attaque furent bientôt disposées pour s'emparer de Ligny ; mais le colonel y renonça, soit qu'il reçut contre-ordre, soit qu'il craignît qu'une fois maîtres de ce village, nous ne fussions écrasés par l'artillerie prussienne qui, malgré le feu de la nôtre, occupait toujours les hauteurs de Guendecourt.

Les obus ennemis continuèrent à pleuvoir sur Tilloy; ils y allumèrent plusieurs incendies. Le deuxième bataillon du 68e, soutenu par l'énergie de son colonel, maintint sa position jusqu'à la nuit close, bien qu'il fût constamment menacé de front et en flanc par de nouvelles troupes.

L'ennemi avait bien essayé d'arrêter la marche victorieuse du 22e corps, en tentant, selon l'ordre qu'il avait reçu, de faire une diversion sur notre droite, et s'il était possible sur nos derrières. Pendant que ses réserves s'avançaient rapidement au secours de Bapaume, une colonne de cavaliers, avec de l'artillerie, quittait Miraumont, passait par Puisieux et Bucquoy, se portait sur Ablainzevelle, d'où elle lança quelques obus sur le convoi du 22e corps qui rétrograda sur Ayette. Un maréchal des logis fut tué, 2 ou 3 soldats blessés et un fourgon abandonné. Une charge en fourrageurs de uhlans ne réussit pas mieux, dit M. Max Guilin. La garde du convoi, composée d'environ 500 hommes estropiés, traînards de toutes armes, se déploya en tirailleurs et reçut sans s'émouvoir le choc des Prussiens. Un feu bien nourri et bien dirigé jeta à terre les plus audacieux; quant aux autres, ils tournèrent bride et s'éclipsèrent bientôt entre Essars et Bucquoy. Le convoi continua tranquillement sa route. Un peu plus tard, ils revinrent pour renouveler leur attaque. Cette fois ils étaient en grand nombre. Peut-être y avait-il toute la division de cavalerie qui se trouvait à Miraumont, au commencement de la bataille; ils n'osèrent pas cependant dépasser Ablainzeville pour se mettre à la poursuite de la proie qui leur échappait; ils se contentèrent de placer quelques pièces en batterie près du bois de Logeat et de canonner les voitures d'ambulance qui passaient à leur portée sur le chemin d'Achiet à Courcelles.

En résumé, cette diversion, dont le général Von Gœben attendait de si beaux résultats, n'aboutit à rien. Il eut néanmoins la témérité de citer un peu plus tard à l'appui de sa prétendue victoire de Bapaume la prise de la majeure partie du convoi du 22ᵉ corps. Pourrait-on soupçonner qu'on puisse ainsi fouler aux pieds la vérité?

Le 23ᵉ corps n'avait pas eu moins de succès que le 22ᵉ. Le général Paulze d'Ivoy, voyant que le général Robin se tenait toujours éloigné du champ de bataille, avait fait prévenir, vers onze heures et demie, le général en chef, par son aide de camp, le capitaine de Thanneberg, qu'il abandonnait Robin à son inaction, et qu'il allait enlever Favreuil de vive force, avec l'excellente division Payen. Ce village était occupé par un bataillon du 48ᵉ et un du 67ᵉ d'infanterie prussienne.

Le commandant du 23ᵉ corps en avait commencé l'attaque par une vive canonnade qui avait délogé l'ennemi des abords et qui avait fait reculer son artillerie. Le feu avait été tellement violent que le château de M. Boniface, sur la route de Mory, fut totalement criblé de projectiles.

Le général Payen, laissant seulement le cinquième bataillon des mobilisés du Pas-de-Calais (commandant Rameaux) (1), à gauche de Sapignies, prescrivit au général Delagrange de porter en avant le bataillon du 65ᵉ de marche et le 24ᵉ chasseurs qui envoyèrent en tirailleurs une partie de leurs compagnies des deux côtés de la route. Ces tirailleurs avancèrent rapidement jusqu'à la crête du plateau entre Favreuil et la route de Bapaume, tandis que le reste de leurs bataillons était dans un pli de terrain, un peu en arrière du moulin à vent de Sapignies. Le bataillon du 33ᵉ vint les y rejoindre.

Pendant ce temps les cinquième et sixième bataillons du 47ᵉ mobiles (Nord) avaient été lancés pour prendre Favreuil par le nord-est. Les tirailleurs, se dissimulant dans des plis de terrain, arrivèrent à une très-petite portée du village. Quelques compagnies du sixième bataillon arrivèrent même

---

(1) C'est par erreur qu'on a jusqu'à présent écrit Raveaux.

jusqu'aux premières maisons, où elles abordèrent l'ennemi à la baïonnette. Le château de M. Laguilliez fut pris de vive force, ainsi que plusieurs autres maisons voisines. Mais bientôt un terrible hourrah se fit entendre. Les Prussiens, momentanément surpris, revenaient en force de ce côté. Ils repoussèrent les assaillants, qui allèrent s'abriter à quelques centaines de mètres du village, d'où ils continuèrent une vive fusillade.

Le bataillon des voltigeurs de la division Robin, qui s'était déjà distingué la veille, sous le commandement de M. Foutrein, avait aussi attaqué Favreuil, du côté de Beugnâtre. Arrivé jusqu'à 200 mètres de la haie qui entoure le parc au milieu duquel s'élève le château de M. Boniface, ces braves soldats reçurent une décharge, qui mit plusieurs d'entr'eux hors de combat. Ne voulant pas tirer sur un ennemi invisible, le commandant donna l'ordre d'aller à la baïonnette et d'enlever la position au pas de course. L'ennemi se défendit alors faiblement et se replia bientôt dans le village. Le château resta au pouvoir des voltigeurs qui, grâce à leur élan, ne perdirent que douze hommes.

Le vaillant général Delagrange qui pressentait que la partie Sud-Ouest de Favreuil était celle où l'ennemi nous attendait le moins, avait donné, au commandant Négrier du 24e chasseurs, l'ordre de s'y porter avec son bataillon et les compagnies établies à gauche de la route et de l'assaillir avec toute la vigueur possible. Il espérait, par ce mouvement tournant, faire un grand nombre de prisonniers. Pour mieux masquer cette attaque, il commanda aux autres bataillons de marcher au pas de charge sur la partie du village qui leur était opposée ; il s'avança lui-même, à la tête du quatrième bataillon des mobiles (Nord), sur le côté en face de Sapignies. C'était là que les Prussiens avaient établi leur plus forte résistance ; aussi se contenta-t-il d'une démonstration, mais elle fut énergique. Malgré une grêle de balles, le quatrième bataillon se mit en ligne, à deux ou trois cents mètres des maisons. L'ennemi porta aussitôt ses forces de ce côté; le but était donc atteint. Pour ne pas aggraver ses pertes déjà trop sensibles, ce bataillon se rabattit au-dessous de la crête et alla se reformer sur la route de Bapaume.

Pendant ce temps, le 24e chasseurs, couvert sur sa gauche par une section de la troisième compagnie, s'était avancé rapidement sur la route de Bapaume ; la tête de ce bataillon, protégée par les tirailleurs de la cinquième compagnie, gagna bien vite du terrain. L'ennemi, qui s'aperçut de ce mouvement, voulut l'empêcher. Il établit aussitôt une batterie en arrière du village, parallèlement à la route et ouvrit un feu très-vif. L'intrépide commandant Négrier fit faire à l'instant par le flanc gauche, et lança son bataillon, au pas de course, clairons sonnant, sur la batterie qui vomissait la mitraille dans les rangs de ses soldats. Électrisés par leur digne chef, les chasseurs n'en continuèrent pas moins leur marche sur les pièces ennemies dont ils n'étaient plus qu'à 300 mètres ; les Prussiens n'eûrent que le temps d'amener les avant-trains et de rétrograder au galop sur Bapaume. Les troupes de soutien, prises en flanc par les tirailleurs de la cinquième compagnie, qui avaient tourné le village, s'étaient au plus tôt débandées.

Le 24e se rabattit alors sur Favreuil qu'il avait débordé, et, soutenu par plusieurs compagnies du 33e de ligne et du 65e (1), il l'attaqua de trois côtés à la fois.

Au Nord-Est, les cinquième et sixième bataillons, appuyés par trois sections en tirailleurs et une compagnie en soutien du 33e de ligne (2) avaient aussi enlevé les barricades ; mais

(1) Le bataillon du 65e eut dans la journée 2 officiers et 55 soldats tués, 4 officiers et 110 soldats blessés ; 1 officier et 70 hommes disparus.

(2) Les pertes du bataillon du 33e furent 3 tués, 16 blessés et 26 disparus.

leurs commandants, craignant avec raison les méprises si faciles à commettre en arrivant dans un village par différentes rues, n'engagèrent pas leurs soldats, et laissèrent le 24ᵉ chasseurs et quelques compagnies de ligne fouiller méthodiquement Favreuil. Ce fut une fusillade des plus meurtrières, pendant plus d'une heure (1), dans les rues, dans les jardins ; ce fut un combat corps à corps dans les granges et les habitations où l'ennemi s'était embusqué et d'où il nous tirait à bout portant. Deux Allemands, cachés dans une écurie, avaient déjà fait mordre la poussière à quatre chasseurs. Un gendarme s'étant aperçu de l'endroit d'où partaient les balles, entra dans la maison, se glissa secrètement dans l'écurie et tua avec son révolver les deux Prussiens pris à l'improviste. Après une lutte acharnée, l'ennemi céda à l'héroïsme de nos soldats ; dans la crainte d'être entouré de tous côtés, il se retira par le Sud-Est sur Beugnâtre, nous abandonnant ses morts et ses blessés. La batterie Dupuich le poursuivit de ses obus pendant la retraite. Cette batterie remonta ensuite la route de Bapaume, s'appuya à une autre de la marine et continua son feu jusqu'à la nuit (2).

Pendant l'attaque de Favreuil par les chasseurs, le général Delagrange s'était reporté de nouveau à l'Ouest de ce village avec le quatrième bataillon du 47ᵉ mobiles, les réserves du 33ᵉ et celles du 65ᵉ de ligne et deux pièces de canon pour forcer les barricades et les maisons où l'ennemi s'était retranché, mais ces moyens d'action furent inutiles ; au moment où il allait pénétrer dans le village, le commandant Né-

---

(1) Il n'est pas une maison, nous a-t-on écrit, qui n'ait reçu des éclat d'obus et qui ne porte encore des traces de balles. Les branches de la plupart des arbres étaient hachées par les projectiles.

(2) Sur un effectif de 100 hommes, la batterie Dupuich eut 24 blessés, 5 tués et 2 disparus. Le premier jour elle tira 540 coups, et le second 570.

grier vint le prévenir qu'il n'y avait plus aucune résistance. Il était environ trois heures et demie.

Beugnâtre ne tarda pas à tomber au pouvoir de la quatrième compagnie du 33°, qui avait été déployée en tirailleurs sous les ordres de l'énergique capitaine Dumas. Après l'échange de quelques coups de fusils, les Prussiens, se sentant incapables de nous opposer une plus longue résistance, abandonnèrent ce village, malgré les barricades qu'ils y avaient construites à l'entrée des principales rues. Nos soldats s'y établirent solidement ; sur le soir, arriva Robin avec une partie de sa division. Il ne tira, nous a affirmé un officier, aucun coup de fusil, aucun coup de canon. Ce n'est pas cependant ce que fait entendre le général dans son ordre du jour n° 62. « Vers trois heures, j'ai pu rallier une partie du 3° de marche, 4° et 6°; et avec le bataillon de voltigeurs et la batterie du Finistère, j'ai pu prendre position à Beugnâtre pris à l'ennemi, et le canonner vivement dans sa retraite. » Quoi qu'il en soit, la plaine, qui s'étend de la route de Cambrai à Bancourt, fut labourée par nos obus. Plusieurs allèrent tomber sur ce village où les Prussiens s'étaient retirés. Ces projectiles furent-ils lancés par les batteries de la première ou de la deuxième division du 23° corps ? C'est une question que nous ne pouvons résoudre. Si la division Robin avait marché plus tôt, comme elle en avait reçu l'ordre, nul doute qu'une vigoureuse offensive sur Frémicourt et Bancourt n'eût été couronnée d'un plein succès. Ces communes étaient bien hérissées de barricades et défendues par de l'artillerie ; mais les troupes allemandes, qui venaient d'être battues à Favreuil et chassées de Beugnâtre, n'auraient pas tenu longtemps devant une franche agression. D'après les rapports des habitants, elles étaient plutôt disposées à se débander qu'à nous opposer une sérieuse résistance.

Aussitôt après la prise de Favreuil, les bataillons se reformèrent sur la place. Sur ces entrefaites arriva le général

Paulze d'Ivoy qui commanda au capitaine Halphen d'établir sa batterie au sud de Favreuil, au débouché du chemin de Beugnâtre ; il la fit appuyer par le 65e, auquel il donna ordre de se tenir prêt à s'avancer sur Bapaume. Mais la batterie Halphen manqua bientôt de munitions ; l'artillerie ennemie, demeura donc, de ce côté, maîtresse de son feu. Aussi dès que les têtes de colonne du 65e se montraient hors du chemin creux, les obus tombaient sur elles avec la plus grande justesse ; elles auraient éprouvé des pertes énormes si elles s'étaient obstinées à avancer.

Le 24e bataillon de chasseurs avec le 47e mobiles et le 65e, se tenait aussi dans un chemin creux, en face de Bapaume. L'intrépide commandant Négrier, comptant sur la bravoure de ses chasseurs, avait donné, à la cinquième compagnie, l'ordre de se porter en avant sur la ville ; il demanda lui-même avec instance de marcher sur une seconde batterie établie à la droite de St-Aubin (1). Mais le chef du 23e corps prescrivit aux troupes, qui avaient combattu depuis le matin, de garder les positions qu'elles avaient si vaillamment enlevées. C'était à la brigade Michelet qu'il réservait la gloire de poursuivre le succès. Cette brigade, qui était demeurée jusqu'alors en réserve, se mit en mouvement. Électrisée par ses chefs et jalouse de venger son échec de la veille, elle se déploya avec un parfait aplomb dans la plaine en avant de Favreuil, la droite appuyée à la route d'Arras à Bapaume, et attendit dans l'attitude la plus martiale que le général en chef lui envoyât l'ordre d'en venir aux mains.

Au début de l'attaque de Favreuil, le hameau de St-Aubin avait été une seconde fois le théâtre d'une lutte acharnée. La deuxième compagnie du 24e chasseurs qui, avec une section

(1) Les pertes du 24e bataillon de chasseurs s'élevèrent, dans la journée du 3, à 2 officiers tués : MM. Daugnac et P. Flieger ; un officier blessé : M. Bure ; un officier disparu : M. Delphy ; et 241 sous-officiers et chasseurs tués, blessés et disparus.

de la première et, une compagnie du 65° de ligne, avait débordé de beaucoup le village sur la droite, s'était trouvée prise entre le feu des soutiens de la batterie et celui des tirailleurs embusqués dans la ferme Camiez dont nous avons déjà parlé. Le commandant de ces compagnies crut devoir prendre sous sa responsabilité de se porter sur cette ferme, d'où s'échappait une fusillade meurtrière. Nos soldats furent un instant arrêtés et même dispersés par le feu d'une batterie placée près du Calvaire sur la route de Cambrai ; mais ils se reformèrent bien vite dans un pli de terrain à 200 mètres. Ils s'élancèrent de nouveau, la baïonnette baissée et sans tirer un seul coup de fusil. L'ennemi, abordé avec la furie française, abandonna la ferme, non sans avoir fait une énergique résistance. Il nous y laissa trois prisonniers qui, ayant tenté de désarmer un chasseur dans un retour offensif de leurs compatriotes, furent passés au fil de l'épée. Nous avons trouvé, dit un témoin oculaire, la route, qui conduit à Bapaume, couverte de morts, et les premières maisons pleines de blessés. Ces victimes de la guerre provenaient sans doute du premier engagement.

Emportés par leur bouillante valeur, nos soldats pénétrèrent dans les habitations voisines, où l'on se battit à la baïonnette. Les meubles brisés, les fenêtres fracturées, les murs perforés, le pavé tout boueux de sang, indiquaient combien la lutte avait été violente dans la demeure de M. Bouvet. Cette maison fut prise, perdue, reprise et définitivement perdue.

Une section, qui avait appuyé l'attaque de St-Aubin, en tournant ce hameau par la gauche, avait été repoussée par un ennemi supérieur en nombre ; mais, nous nous maintenions avec une tenacité vraiment héroïque dans la ferme et les dépendances, dont la possession était la clef de St-Aubin ; car de là nous pouvions facilement, à l'abri des maisons, déboucher dans Bapaume. Le capitaine en fit garder les trois grandes portes par une partie de ses chasseurs et par la presque totalité de la compagnie du 65°, et déploya des tirailleurs dans les jardins environnants. En même temps il demanda du secours aux troupes qui étaient dans le faubourg d'Arras. Une fusillade des plus vives ne cessa pas un seul instant. La ferme, les arbres de la prairie contiguë en portent de nombreuses traces. L'ennemi, abrité par la briqueterie de M. Gabry et le talus de la route de Douai, ou renfermé dans l'usine de M. Théry, faisait un feu roulant et plongeant sur nos soldats aussitôt qu'ils se découvraient. Après deux heures de lutte, il arriva en masses considérables, força l'une des portes et fit prisonnière la compagnie d'infanterie, dont 30 hommes étaient déjà hors de combat; le capitaine Auzepy avait été blessé à la main. La lutte, devenant alors impossible, le capitaine commandant les chasseurs ordonna la retraite. Pendant 600 mètres environs, nos soldats essuyèrent une grêle de balles ; aussi leurs pertes furent-elles considérables : on parle de quatre-vingts hommes tués ou blessés. Les débris de cette troupe héroïque furent ramenés à Favreuil, où ils purent à peine trouver de quoi se nourrir. C'est avec douleur que l'on voit tant de bravoure rendue inutile par l'absence de quelques renforts.

A part l'échec que subirent successivement à St-Aubin deux têtes de colonne, nous étions victorieux sur toute la ligne. Nos troupes, pleines d'ardeur ne demandaient qu'à s'emparer de Bapaume et à marcher en avant; déjà les colonnes d'attaque étaient formées lorsque le général en chef donna contre-ordre. Eut-il raison, eut-il tort de ne pas pousser plus loin son succès? c'est ce que l'historien a le devoir d'examiner à la lumière d'une saine et impartiale critique (1).

Le général Faidherbe prescrivit à son armée de coucher sur les positions conquises, à l'exception de Tilloy, Avesnes

(1) Voir le 6° chapitre.

et le faubourg d'Arras qu'il fit évacuer. La première division du 23e corps cantonna à Favreuil et à Béhagnies, la division Robin à Beugnâtre et à Vaulx ; la première division du 22e corps à Achiet-le-Grand et à Bihucourt, et la deuxième division à Grévillers.

Vers le soir, de la mairie d'Avesnes, le général en chef télégraphia sa victoire au ministre de la guerre : « Aujourd'hui, 3 janvier, bataille de Bapaume, de huit heures du matin à six heures du soir, nous avons chassé les Prussiens de toutes les positions, de tous les villages. Ils ont fait des pertes énormes et nous des pertes sensibles. » D'après le compte-rendu officiel, l'armée du Nord a eu, à la bataille de Bapaume, 183 tués dont 9 officiers, 1,136 blessés dont 43 officiers, 800 disparus dont 3 officiers (1). Le général Von Gœben évalue ses pertes à 1043 hommes, dont 47 officiers, mis hors de combat, et à 128 chevaux. Mais ce général ne fait pas mention de celles que dut subir la troisème division dite de réserve, qui a pris une part active à la bataille. Du reste, le 5 janvier, il y avait encore à Bapaume plus de 800 prussiens blessés ; si à ce nombre vous ajoutez celui des évacuations opérées les 3 et 4 janvier sur Amiens, Montdidier et Doullens, vous obtiendrez le chiffre de 1,800 à 2,000 hommes.

Les journaux de l'époque nous ont suffisamment renseignés sur les pertes que subit l'ennemi : Le *Gaulois* annonce que le 33e régiment d'infanterie (fusiliers de la Prusse occidentale), a horriblement souffert le 3 janvier. Dans la soirée du même jour, nous dit un correspondant du *Daily Telegraph*, je rencontrai dans les rues de Bapaume le colonel von Henning, du 34e, et le félicitait de la bravoure de son régiment. — « Mon régiment, répondit, les larmes aux yeux,

---

(1) Le 23e corps seul a perdu dans les deux journées 5 officiers tués, 22 blessés, 5 disparus, 89 soldats tués, 528 blessés, 709 disparus, en tout, 1357 hommes hors de combat (rapport du commandant en chef du 23e corps).

l'officier prussien, je n'en ai plus, tous mes soldats sont morts, il ne me reste que trois officiers vivants ! »

Ses pertes en attelage furent aussi de beaucoup supérieures aux nôtres. Aux abords de la ville on voyait plus de 120 chevaux d'artillerie mis hors de combat. Afin de ne point jeter la désolation dans les familles allemandes et de pouvoir s'attribuer la victoire de Bapaume, le général von Gœben dut diminuer ses pertes. C'est ce qu'il eut bien soin de faire en cette circonstance.

CHAPITRE V.

État moral des populations voisines du théâtre de la guerre, pendant les 2 et 3 janvier. — Épouvante et angoisses. — Sauve-qui-peut. — Pour éviter un danger, on tombe dans un autre. — La frayeur gagne aussi les populations voisines. — Avanies et insultes aux habitants de Favreuil, Beugnâtre, etc., qui ne quittèrent pas leur maison dans la nuit du 2 au 3 janvier. — Fuite des habitants de Frémicourt, Bancourt et Haplincourt. — Effroi non moins grand à Bapaume. — Obus sur la ville, sur l'hôpital. — Anxiété mortelle des habitants. — Vers onze heures et demie, les Prussiens se replient, mais ils ne quittent pas tous Bapaume. — Le soir de la bataille, les Allemands se répandent dans les maisons pour piller. — Même brigandage à Tilloy, à Haplincourt, etc. — Étendue du champ de bataille. — Son aspect. — Les infirmiers militaires. — Dévouement des dames Bouvet. — Scènes attendrissantes. — Ambulances à Ervillers, à Boyelles et à Bapaume. — L'ancienne caserne transformée en hôpital. — Le 3 janvier, on ne sait plus où mettre les blessés. — Le presbytère, le pensionnat de M. Decoquy changés en ambulances. — Voulons-nous avoir une idée de la guerre? — Dévouement du clergé.

— M. l'abbé Vibaux, marchant avec les chasseurs à l'attaque d'une batterie. — Sentiments de patience et de foi des soldats comme des chefs. — Le commandant Granger.

Il n'est pas facile de peindre l'état moral des populations d'Achiet-le-Grand, Béhagnies, Ervillers, Favreuil, Biefvillers, Tilloy, et Bapaume, les 2 et 3 janvier 1871. La frayeur, l'épouvante, les angoisses furent en proportion directe des dangers que faisait courir aux habitants la proximité du théâtre de la guerre. Ces émotions furent tellement violentes qu'il en résulta pour la plupart un certain malaise physique, pour un grand nombre de graves maladies, et la mort même pour quelques-uns.

A la première fusillade, aux premiers coups de canon, quelques curieux sortirent d'Achiet-le-Grand, Béhagnies, Mory et Favreuil, pour savoir ce qui se passait ; mais en entendant siffler les obus et les balles au-dessus de leurs têtes, ils retournèrent chez eux en toute hâte et jetèrent l'alarme dans leurs familles. Les Prussiens eux-mêmes, pâles et défaits, allaient et venaient dans les rues, répétant dans un jargon moitié allemand, moitié français, cet ordre : « Cachez-vous dans vos caves ! »

Les hommes et les femmes, les enfants et les vieillards, tous sont saisis d'une panique mortelle. « Quel malheur ! s'écriaient-ils. Nous sommes perdus; notre village va être brûlé ou détruit; sauvons-nous ! » Ce fut alors un sauve-qui-peut presque général. Éperdus, affolés de terreur, la plupart cherchent leur salut dans la fuite. Jamais spectacle plus triste, plus navrant. Des pères portant un enfant dans chaque bras, des mères chargées de leurs frêles nourrissons et suivies d'autres enfants qui s'attachent à leurs vêtements, courent à travers la plaine couverte de neige.

« O mon fils ! s'écriait en sanglotant une pauvre infirme gisant sur son triste grabat, ne m'abandonne pas, aie pitié de ta pauvre mère, je t'en conjure ». L'amour filial décuplant les forces du jeune homme, il la charge sur ses épaules, affronte impunément les balles meurtrières et parvient à déposer son précieux fardeau dans une maison hospitalière et à l'abri de tout projectile.

L'air effaré des fuyards d'Ervillers, d'Achiet-le-Grand, de Béhagnies, de Mory, de Favreuil, leurs récits plus ou moins exagérés joints au tonnerre de l'artillerie tout entière et au roulement continuel de la fusillade, sèment l'épouvante au sein des populations de Miraumont, d'Achiet-le-Petit, de Beugnâtre. Celles-ci, frappées de frayeur à leur tour, cèdent au torrent qui les entraîne et abandonnent leurs foyers.

Et ne pensez pas que cette panique, qui dégénéra toujours en fuite, ait été circonscrite aux communes limitrophes du théâtre du combat, elle s'étendit jusqu'à St-Léger, Vaulx, Ecoust-St-Mein, Bullecourt.

Néanmoins, tous les habitants des villages englobés dans le champ de bataille ne quittèrent pas leurs foyers. Ceux qui demeurèrent chez eux, malgré le sifflement sinistre des balles et la pluie d'obus qui tombaient de toutes parts descendirent dans leurs caves. C'était en effet, le meilleur moyen de se garantir contre tout projectile. Mais souvent la peur fait éviter un péril pour tomber dans un autre. Trop de personnes se réfugièrent dans le sous-sol de la ferme de M. Waterlot, à Béhagnies ; plusieurs faillirent y être asphyxiées.

Un père de famille de Mory fut tellement saisi en voyant les Prussiens et les Français s'entr'égorger chez lui qu'il en mourut sur-le-champ. Le même accident arriva aussi à Biefvillers. Un pauvre estropié prodiguait, dans une maison abandonnée, ses soins à un de nos blessés, qu'une balle ennemie vint tuer dans ses bras. Tout épouvanté, il regagna, comme il put, son domicile. Les Français y entrèrent à sa suite et transpercèrent de leurs baïonnettes deux polonais réfugiés sous un lit. Il ne put résister à tant d'émotions ; quelques jours après il était mort.

Si la terreur des habitants était grande pendant le combat, leur joie était sans bornes lorsqu'ils voyaient nos soldats entrer dans leurs villages conquis à l'ennemi. Ils se précipitaient sur leurs pas comme on le fit à Grévillers et leur offraient toute espèce de boissons. Cette joie alla parfois jusqu'au délire. M. Béhalle, d'Achiet-le-Grand s'était blotti tout temblant dans sa cave pendant la bataille. A peine eut-il entendu une voix française, qu'il s'élança hors de sa retraite. Ivre de bonheur, bondissant d'allégresse, il déchirait ses vêtements et criait de tous ses poumons : « Vive la France. » Nous n'avons pas voulu passer sous silence ce fait qui proclame assez haut le patriotisme de son auteur.

A Favreuil, MM. Boniface, Laguilliez, Raison et M. Huret, maire de Beugnâtre, n'ayant pas voulu, avec quelques autres personnes, quitter leurs demeures, furent en butte, pendant la nuit du 2 au 3 janvier à mille avanies, à mille vexations, à mille dangers. M. Laguilliez faillit être fusillé par un allemand dont il ne pouvait satisfaire tous les caprices. Les ennemis, qui étaient revenus du champ de bataille, en colonnes nombreuses, dans ce village, pillèrent toutes les maisons qu'ils envahirent. Ils n'y laissèrent plus ni pain, ni bière, ni vin, ni viande, rien, absolument rien ; les ustensiles même de cuisine furent emportés ou brisés. Ce qu'ils enlevèrent du presbytère s'éleva à la somme de deux mille francs. Encore y laissèrent-ils des traces honteuses de leur présence.

Les maisons et les granges n'étant pas suffisantes pour les loger tous, ils furent obligés de bivouaquer dans les rues. Ils remplirent de paille et de fagots un chariot qui se trouvait dans la cour de M. Laguilliez, y mirent le feu et s'y chauffèrent pendant toute la nuit. Ils brûlèrent tout ce qu'ils eurent sous la main, même le blé non battu qu'ils trouvèrent dans la grange de M. Boulogne-Bédu. Rien de triste comme de voir le lendemain, dans les rues, une quantité considérable de grains calcinés et perdus, tandis que tant de personnes souffraient de la faim. A Beugnâtre les habitants furent insultés, frappés et mis à la porte de leurs maisons.

Après le combat de Béhagnies, plusieurs colonnes prussiennes, suivies de l'artillerie, rentrèrent vers le soir à Bapaume en chantant des airs guerriers et patriotiques. Ces chants étaient comme un poignard qu'ils enfonçaient dans le cœur des Bapalmois consternés du succès partiel de l'ennemi.

Momentanément chassé de Gréviliers, l'ennemi y revint ce même soir. Rencontrant M. Rivelois, curé de la paroisse, il l'arrêta, le força d'ouvrir les portes de l'église, le menaçant de le fusiller s'il y avait des soldats français. Une première perquisition n'amena aucun résultat ; une seconde, pas davantage, en sorte qu'on le laissât retourner au presbytère.

Les Allemands fouillèrent ensuite toutes les maisons du village, depuis les greniers jusqu'aux caves. Rien n'échappa à leurs minutieuses investigations. M. Waille, qu'ils soupçonnaient d'intelligence avec l'armée française, ne vint pas leur ouvrir assez vite la porte de sa maison ; elle vola bientôt en éclats. Il fut lui-même arrêté et forcé de rester plusieurs heures dans la rue, malgré le froid le plus rigoureux.

Ces scènes de menaces et de vexations, se renouvelèrent, le lendemain. M. Lefebvre-Bodelot, du faubourg d'Arras, avait son magasin incendié par les obus. Éperdu, il portait ce qu'il arrachait aux flammes dans son jardin où se trouvaient les tirailleurs ennemis. Par mégarde il en ferma la porte. Les Prussiens, croyant qu'il voulait ainsi leur ôter tout moyen de battre en retraite, entrèrent dans la plus grande colère, brisèrent cette porte à coups de crosses de fusils, se jetèrent sur lui ; ils l'auraient tué sans l'intervention d'un officier.

M. Huret, maire de Beugnâtre, qui avait déjà fourni cinq voitures aux Prussiens pour emmener leurs morts et leurs blessés, reçut encore l'ordre d'en procurer une sixième. Comme il attelait trop lentement selon leur gré, ils le menacèrent de le fusiller. Il s'en fallait bien que leurs menaces fussent toujours vaines. Un officier tua de son revolver le beau-père du maire de Cléry et fit pendre son cadavre. On le laissa ainsi exposé pendant une journée entière aux regards de la population consternée.

L'épouvante ne fut pas moins grande le second jour de la bataille que le premier. En entendant le sifflement des balles et le bruit sinistre des obus qui tombaient de toutes parts, en apprenant qu'une maison était en flammes, plus de vingt personnes réfugiées dans la cave de M. Raison, à Favreuil, crurent toucher à leur dernière heure. A genoux, auprès d'un cierge bénit, elles conjuraient le ciel d'avoir pitié d'elles.

A Ligny-Tilloy, à Biefvillers, ce fut dès le matin un sauve-qui-peut presque général. M. Henri Goubet fut forcé, pendant la nuit du 2 au 3, de laisser son habitation à la merci des Prussiens, qui la dévastèrent complétement.

Vers dix heures, à Bancourt, à Frémicourt, le sifflement des boulets et des obus était tellement continu que la population se croyant menacée dans sa sécurité, s'enfuit éperdue vers Haplincourt, emportant avec elle ses malades et ses infirmes.

L'épouvante est contagieuse. A la vue de ces fuyards pâles et consternés, les Haplincourtois, hommes, femmes, enfants et vieillards s'enfuirent, qui par Bertincourt, qui par Barastre et Bus, les uns à pied, les autres sur des chariots. La panique était aussi très-grande à Beaulencourt, lorsque, vers deux heures, les projectiles de l'artillerie tombèrent dans ce village. On se réfugia dans les caves; beaucoup de femmes et d'enfants envahirent instinctivement la maison curiale, comme si elle devait être un abri sacré contre les obus.

L'effroi ne régnait pas moins à Bapaume. Les Prussiens

avaient élevé, dès la première heure, des barricades à l'entrée des principales rues. Tombereaux, voitures, chariots et instruments aratoires, échelles et planches, tables, chaises, matelas, fauteuils, meubles de salon, matelats et couvertures de lit, tout avait été indistinctement employé à leur construction. Ces Allemands, si fiers la veille, étaient alors mornes et soucieux. « Aujourd'hui, disaient-ils, grande bataille, malheur à vous, malheur à vous ! » Ces paroles sinistres, la vue des habitants d'Avesnes et du faubourg d'Arras qui arrivaient tout éperdus, tout affolés par le crépitement de la fusillade, étaient bien de nature à ajouter à la consternation générale. Toutefois, elle s'accrut encore lorsque le bruit se répandit que la ville allait être incendiée. Ce qui avait donné naissance à cette triste rumeur, c'est qu'on entendait à chaque instant se rapprocher le tonnerre des batteries et le sifflement des projectiles. Quelques bourgeois prirent la fuite; le plus grand nombre descendit dans les caves. Le péril était imminent; les obus tombaient sur Bapaume; l'Hôtel-de-Ville et l'église en reçurent quelques-uns; plusieurs maisons étaient la proie des flammes, l'une au faubourg d'Albert et deux autres avec une grange au faubourg d'Arras.

L'hospice, où se trouvaient entassés beaucoup de blessés de la veille, ne fut pas à l'abri des projectiles. Une religieuse, servant le déjeuner aux malades, avait à ses côtés quelques mobiles convalescents qui l'aidaient dans son office. Tout-à-coup tomba un obus, dont les fragments allèrent frapper deux blessés dans leur lit; l'un d'eux rendit bientôt le dernier soupir. La sœur resta seule debout, calme, impassible, pendant que se jetaient par terre ceux qui l'assistaient. « J'ai senti, disait-elle le lendemain, un corps très-dur frisant ma cornette avec la rapidité de l'éclair. » Elle engagea immédiatement les mobiles qui s'étaient relevés à se rendre avec elle à la chapelle pour remercier Dieu de les avoir préservés de la mort. Lorsqu'elle était sur le point d'en ouvrir la porte, elle voit comme une poussière épaisse sortir du dortoir des religieuses; elle y monte aussitôt avec ceux qui l'accompagnaient. Qu'aperçoit-elle ? Un obus venait de briser les lits laissés vides depuis quelques moments par deux de ses compagnes, que la fatigue avait obligées à prendre un peu de repos. Pendant qu'elle se trouvait au dortoir, un troisième obus entre dans la chapelle, perce le plafond, tord l'armature des vitraux et les met en mille pièces. Heureusement il ne s'y trouvait personne. Hélas! que de victimes n'aurait-on pas eu à pleurer si la sœur n'avait pas été détournée de suivre sa première pensée. Nous ne voulons pas crier au miracle, mais nous affirmons qu'il y a, dans ce concours de faits, quelque chose de providentiel.

Cependant les décharges réitérées de l'artillerie continuaient à ébranler le sol, l'air était sans cesse haché par toutes sortes de projectiles. Quelques habitants étaient-ils assez hardis pour s'aventurer dans leur grenier, afin de pouvoir se rendre compte de ce qui se passait, le sifflement des balles, l'éclat foudroyant des obus les contraignaient à redescendre au plus tôt sans pouvoir donner aucune nouvelle. Aussi furent-elles inouïes les inquiétudes et les angoisses des Bapalmois. Jamais temps ne leur parut plus long; jamais moments plus cruels à passer. Leur imagination donnait au danger des proportions effrayantes. « Les Prussiens ne défendront-ils pas jusqu'au désespoir leurs barricades ? Ne vont-ils pas faire de Bapaume une seconde Sarragosse ? — Nos troupes même, voulant chasser l'ennemi si fortement retranché dans la ville, ne seront-elles pas obligées de l'incendier ? Ne périrons-nous pas sous les ruines de nos maisons ? Mais le patriotisme reprenait bientôt le dessus. « Dieu veuille, ajoutaient-ils, qu'au moins nous soyons vainqueurs ! »

Ce vœu se réalisa. Vers onze heures et demie, on entendit un bruit effroyable de pas d'hommes, de chevaux, de caissons, de canons, d'attelage de toutes sortes qui se heurtaient dans les rues encombrées et cherchaient à se frayer un passage. Les Prussiens reculaient.

Quel bonheur pour les habitants de Bapaume d'être enfin délivrés de ces terribles ennemis et de pouvoir se jeter dans les bras de leurs compatriotes! Mais, hélas ! cette douce espérance ne tarda pas à s'évanouir. Les Prussiens n'évacuèrent pas complétement la ville ; ils y laissèrent deux ou trois mille hommes pour la défendre jusqu'à la dernière extrémité. Ils crénelèrent, vers onze heures du matin, les bâtiments de la gare et plusieurs murs de clôture. Dans l'après-midi, ils forcèrent les habitants de la rue d'Arras de tenir constamment ouvertes les portes de leurs maisons et eurent soin de garnir les fenêtres des étages de matelas destinés à les protéger, pendant qu'ils fusilleraient nos soldats, s'ils essayaient de pénétrer dans la ville.

Le soir, irrités de leur défaite et pressés par l'aiguillon de la faim, ils se répandirent dans presque toutes les maisons pour se procurer de la nourriture. Ils furettent partout ; mais ne trouvant aucun morceau de pain (la boulangerie n'avait pas fonctionné dans cette triste journée), ils s'impatientent, ils s'emportent tellement qu'ils enfoncent à coups de crosses les portes des chambres, crochètent les armoires, brisent les meubles et s'emparent de tout : linge, vêtements, couvertures et argenterie. Ils menacent même de mort quiconque tente de s'opposer à leur brigandage. M. Lejosne, vicaire de la paroisse, qui, dans la journée, avait affronté tant de fois les balles meurtrières pour porter les secours de la religion à leurs compatriotes, voit les baïonnettes de ces furieux dirigées contre sa poitrine.

Ces scènes de vol et de destruction se renouvelèrent partout où l'ennemi se cantonna après la bataille. Il mit au pillage toutes les maisons de Ligny-Tilloy et s'y livra à une véritable orgie. Il ne se retira que vers six heures du matin, enlevant tout ce qu'il put emporter. A Beaulencourt et à

Riencourt, plusieurs habitations furent complétement dévalisées. Haplincourt n'échappa point aux convoitises rapaces des Prussiens qui l'envahirent dès le soir. Vers minuit, il arriva encore de la cavalerie qu'il fallut loger. Plusieurs officiers supérieurs se rendirent chez M. Vandoë, et lui ordonnèrent, du ton le plus impérieux, de leur donner immédiatement tout ce qu'il avait. Hélas ! il ne lui restait plus rien, absolument rien. Un d'entr'eux s'emporta en menaces, en injures, en violence. Le chantre de la paroisse fut brutalement frappé. La sœur de M. Vandoë, menacée d'être tuée, s'enfuit tout effrayée à travers les jardins ; son frère, malgré le froid très-vif, fut obligé de passer la nuit sur une chaise, tandis que les Prussiens dormaient sur des matelas, près d'un grand feu. Frémicourt et Bancourt furent aussi littéralement saccagés. Presque tous les habitants qui, le matin, avaient pris la fuite, essayèrent, mais en vain, de rentrer le soir chez eux. Ils furent cruellement repoussés par les Prussiens qui gardaient l'entrée de leurs villages ; ils durent attendre jusqu'au lendemain matin, les pieds dans la neige et malgré l'intensité de la gelée. Mais quel affreux spectacle s'offrit à leurs regards, lorsqu'ils franchirent le seuil de leur demeure. Les portes et les fenêtres enfoncées, les meubles brisés ou brûlés, les lits dépouillés, les basses-cours détruites, les substances alimentaires gâtées, consommées ou enlevées, tel est le triste bilan de cette nuit dont le souvenir ne s'effacera jamais.

Le champ de bataille offrait un aspect mille fois plus triste encore. Figurez-vous une étendue de 10 kilomètres environ jonchée de débris d'armes et de vêtements déchirés, couverte de morts et de mourants couchés sur la neige comme sur un linceuil blanc.

Lorsque la nuit fut descendue dans cette plaine où tant d'existences venaient d'être brisées dans la vigueur de l'âge, on vit se glisser dans l'ombre quelques-uns de ces êtres suspects qui errent ordinairement autour des victimes de la guerre pour leur enlever soit leur or, soit un bijou, soit tout autre objet précieux.

Bientôt arrivent les infirmiers militaires des deux nations, le brassard au bras, une lanterne sourde à la main, fouillant, à l'aide des habitants des villages voisins, les bosquets, les buissons, les fossés, les prairies, les plis et les accidents de terrain. De temps en temps ils s'arrêtent pour prêter une oreille attentive au moindre gémissement. Ici on entend le bruit affreux d'un râlement, c'est celui d'un jeune soldat qui agonise; il peut dire encore en mourant : « Mon Dieu ! Mon Dieu ! si du moins ma pauvre mère était ici... » Plus loin, un soupir étouffé appelle l'attention : c'est un officier de chasseurs frappé en pleine poitrine; il tient à la main quelque chose qui ressemble à des photographies. On approche la lumière : ce sont les portraits de sa femme et de ses enfants; il lève une dernière fois les yeux au ciel, presse les chères images sur son cœur et sur ses lèvres, murmure ces mots : « Mon Dieu ! bientôt je n'y serai plus, protégez-les, et il expire !... »

Le pied heurte souvent les cadavres que l'on ne ramasse pas pour relever les blessés. Les uns ont une épaule fracassée, les jambes brisées ou emportées, les autres ont une balle dans le ventre ou dans la tête. Tous souffrent horriblement. Ces infortunés, aux vêtements ensanglantés, aux membres glacés, sont couchés sur de lourds chariots étendus de paille. Un seul n'est pas relevé, c'est un soldat dont le ventre est ouvert par un éclat d'obus; les intestins se répandent au dehors. A chaque respiration, l'air qui sort de ses poumons produit un râle affreux. « Inutile de le mettre en voiture, il va mourir, » s'écrie une espèce d'infirmier qui le regarde d'un œil impassible, les bras croisés et la pipe en bouche. A cette voix inconnue et barbare, le soldat ouvre le yeux et articule quelques mots insaisissables. Cet acte de cruauté exigerait une grande punition. Mais hélas ! aucune pénalité ne peut donner du cœur à un homme qui voit souffrir un de ses compatriotes avec une indifférence apathique et qui l'abandonne à son triste sort.

Les convois de ces soldats mutilés se mettent en route au bruit des cris douloureux que fait pousser chaque tour de roue sur un terrain gelé. On les dirige, le 2 janvier, sur les ambulances établies à Bapaume, Boyelles, Mory, Ervillers. Dans ce dernier village, les écoles de garçons et de filles, la maison de M. Proyart et quelques autres sont remplies de nos pauvres soldats. La plupart étendus sur de la paille, gémissent et se plaignent plutôt du froid que de leurs blessures. M. Guérin, curé d'Ervillers, et M. Proyart quittent un instant ces ambulances pour aller chercher au presbytère un poêle, afin de chauffer une maison abandonnée, où se trouvaient beaucoup d'estropiés. Mais les éclats d'obus tombaient si nombreux à leurs côtés qu'ils durent bientôt renoncer à leur projet ; la partie sud du village n'était pas tenable.

Les chirurgiens militaires, aidés de M. le docteur Magniez, qu'un éclat d'obus venait de blesser au pied, amputent ceux dont l'état demande des opérations immédiates. Les autres moins grièvement atteints sont, après un premier pansement, expédiés sur Arras.

Toutefois, nous devons le dire, le plus grand nombre des victimes du combat de Béhagnies a été transporté à Bapaume, où la sage prévoyance de M. Cornet, doyen de cette ville, avait organisé depuis quelque temps des ambulances à l'hospice, à la caserne devenue propriété des servantes de Marie, et chez les religieuses Augustines. Les rues qui aboutissent à ces divers établissements étaient, le soir, tellement encombrées de voitures chargées de blessés qu'on ne pouvait plus circuler. C'est sur un de ces véhicules que dût monter M. le Doyen pour administrer les derniers sacrements à

M. Parrayon, commandant du 2° bataillon des fusiliers marins, atteint d'un éclat d'obus à la tête. Il mourut dans la nuit (1).

En moins de rien, les classes de l'hospice, l'ouvroir, les réfectoires des hommes et des femmes, les bureaux furent remplis de malheureux si horriblement défigurés qu'on ne les prenait plus pour des hommes. De la porte d'entrée jusqu'à ces divers appartements, on marchait littéralement dans le sang.

Les salles du premier étage de la caserne, quoique très-spacieuses, furent aussi bientôt remplies ; celles du second étaient occupées par les varioleux. Les plus légèrement blessés furent obligés de passer la nuit debout, tellement ils étaient nombreux; les autres gisaient si serrés qu'on se frayait difficilement un passage au milieu de ces corps plus ou moins mutilés, jetés en tous sens et presque pêle-mêle sur des carreaux jonchés de paille.

L'ambulance des religieuses Augustines en reçut trente, celle de M. Decauquy vingt-cinq.

Les Allemands étaient en très-grand nombre. Sur cinq de cette nation on ne comptait qu'un Français. Mais dans les ambulances, il n'y a plus d'ennemis. Tous, sans distinction de nationalités, furent soignés, pansés par les religieuses, par le clergé et par les docteurs, jusqu'à une heure bien avancée de

---

(1) M. Parrayon était de Lille. Après une mission de huit ans à Taïti, il était venu demander à la vie de famille et au pays natal le rétablissement de sa santé. Sans attendre que son congé de convalescence fût expiré, il n'écouta que son généreux dévouement, et s'empressa, au commencement de décembre, quand l'armée ennemie s'approcha du Nord, de se mettre à la disposition du général Faidherbe. Appelé au commandement du 2° bataillon de marins, en remplacement du commandant Monnier, tué à Pont-Noyelles, Auguste Parrayon fut blessé mortellement, dans le village de Béhagnies, et emporté par les Prussiens à Bapaume.

la nuit. Chacun était à son poste avec un dévouement facile à comprendre en présence de pareilles souffrances.

Le combat du 2 janvier 1871 fut sans doute bien sanglant, mais il fut suivi le lendemain d'une bataille plus sanglante encore. Que de victimes de la guerre dans les ambulances improvisées d'Achiet-le-Grand, de Sapignies et de Bihucourt! Plusieurs maisons de Favreuil et de Biefvillers en regorgeaient. On en chargea de nombreux chariots que l'on dirigea sur les ambulances d'Arras, à l'Hôpital, à la Salle des concerts, à St-Vaast, à St-Vincent-de-Paul, aux Dominicains, à la Providence, au Collége, au Petit-Séminaire. Les vastes salles de ce dernier établissement avaient été mises par Mgr Lequette à la disposition de l'ambulance anversoise, sous la direction du docteur Smet Van Aelsert de Bruxelles. Une lettre de ce docteur au Comité d'Anvers est trop intéressante pour ne pas en reproduire du moins une partie :

« La moitié du personnel de notre ambulance a été sur le champ de bataille dans la journée d'hier. J'y suis allé aujourd'hui avec l'autre moitié. Nous fonctionnons jour et nuit pour secourir les malheureux blessés qui sont nombreux ; car le carnage a été terrible, mais à l'aspect des flots de sang que nous voyons couler, notre courage et notre dévouement compriment nos fatigues.

« J'ai fait évacuer sur Valenciennes et Lille 80 blessés de notre ambulance, pour faire place à d'autres malheureux plus gravement atteints, que nous allons recueillir sur le champ de bataille.

« Nous comptons aujourd'hui 150 blessés Français et Prussiens, parmi lesquels 19 atteints d'éclats d'obus, 22 ayant la cuisse traversée par des balles, 6 mêmes blessures aux épaules, 9 aux bras, 17 aux jambes, 3 avec plaies pénétrantes à la poitrine, 2 à l'abdomen, 3 blessés à la face par des balles dont nous avons fait l'extraction, 1 dont le talon a été complétement enlevé par un boulet. Nous avons pratiqué

11 amputations et différentes autres opérations, débridements, etc.

« Un jeune marin de 17 ans a les deux avant-bras amputés, les deux cuisses traversées par une balle, et une troisième blessure grave. Malgré ses horribles blessures, son état est satisfaisant et nous ne désespérons pas de sauver ce courageux jeune homme. »

Le vide produit dans les ambulances de Bapaume par la mortalité d'une quarantaine de ces martyrs du devoir, dans la nuit du 2 au 3, et par l'évacuation des moins mutilés sur Amiens, n'avait pas tardé à être plus que comblé.

M. le Doyen mit immédiatement le presbytère à la disposition des blessés qui arrivaient à chaque instant de Tilloy, de la route d'Albert, de Favreuil et de St-Aubin. Toutes les chambres, à l'exception d'une seule, furent bientôt remplies ; plus de cinq cents infortunés y reçurent les premiers pansements. Le lendemain 4, le linge commençait à manquer. M. Cornet, à qui il ne restait plus rien, pas même une seule paire de draps, convoqua chez lui, vers dix heures du matin, au milieu des morts et des mourants, les dames de charité de la ville, fit un éloquent appel à leur commisération, afin de procurer aux ambulances le linge et la charpie nécessaires. Cet appel, confirmé par l'exemple, eut un plein succès. Ces dames, nous devons le dire, furent admirables de générosité et de sacrifices. Plusieurs même reçurent chez elles des blessés à qui elles prodiguèrent tous les soins d'une sœur de St-Vincent de Paul.

Les demoiselles Bouvet montrèrent surtout un dévouement au-dessus de tout éloge. Malgré les balles qui sifflaient constamment à leurs oreilles et les cris de mort poussés par les Français et les Allemands qui se battaient à la baïonnette dans leur maison, elles demeurèrent calmes, impassibles, ne se préoccupant que de soulager les victimes qui tombaient à leurs côtés. Si quelqu'un mérite une recompense nationale, ce sont bien ces demoiselles qui ont affronté les dangers les plus grands pour ramasser, secourir et panser nos malheureux soldats.

Voulons-nous avoir une idée de ce fléau terrible qu'on appelle la guerre, entrons dans une de ces ambulances établies soit à Achiet-le-Grand, soit à Ervillers, soit à Bapaume. Au fond, c'est partout le même spectacle ; des chairs déchirées, des mâchoires pendantes, des têtes fendues, des cuisses brisées, des gémissements et des soupirs. Voyez-vous les chirurgiens, aux manches retroussées, revêtus de longs tabliers tout empourprés de sang, couper des bras et des jambes, recoudre les intestins à de malheureux éventrés, ou fouiller avec de grandes pinces dans les plaies profondes pour en arracher les balles et les éclats d'obus. Ici est étendu un beau jeune homme de haute stature, qui a la jambe fracassée, le bassin cassé, un trou dans le ventre et une plaie dans le flanc à y faire pénétrer la main ; il râle depuis plusieurs heures. A côté de cet infortuné se trouve un autre, dont la blessure n'est pas moins horrible : la décharge lui est entrée au milieu du ventre et une grande partie du péritoine a été projetée au dehors. Plus loin, vous voyez un jeune chirurgien penché sur un vieil artilleur de la marine, littéralement criblé de blessures; il en a aux jambes, aux bras, à la poitrine, à la tête ; son visage est tuméfié et violet, ses yeux sont injectés de sang. Quelques-uns des blessés sont en délire : « Est-ce qu'ils reviennent, s'écriait un tout jeune chasseur. Oh! soulève-moi, camarade, tu vas voir, quand je serai sur mes jambes, si je ne me battrais pas bien encore. » Et dressé sur son séant il brandissait son sabre-baïonnette avec une rapidité inouie. Dans une autre salle, étaient réunis plusieurs malheureux à raison de la similitude de leurs blessures. Ils avaient les chairs du bras, depuis le coude jusqu'à l'épaule, non pas seulement déchirées mais absolument enlevées par des éclats d'obus. Ils allaient subir une opération atroce, mais absolument nécessaire, la désarticulation de l'épaule. Sur quatre, il n'en survit qu'un en moyenne, les autres expirent après de cruelles tortures. C'est la même proportion de morts parmi les amputés. En attendant qu'on vienne les panser, ils gisaient là sur de la paille, à demi-abattus par la souffrance et la perte de leur sang, à demi soutenus par l'espérance de pouvoir prendre part à de nouveaux combats.

« Il est possible, disait un jeune officier à la figure noble et distinguée qui revenait de visiter son capitaine grièvement blessé à la tête, que la guerre soit une grande chose, mais que l'ambulance est horrible ! » En disant ces mots, de grosses larmes sillonnaient ses joues. Ceux qui tiennent dans leurs mains les destinées des empires et ceux qui veulent la guerre à outrance, devraient venir dans ces lieux où s'étalent, avec toutes les blessures imaginables, les souffrances physiques et les souffraces morales. En voyant ces ventres ouverts, ces têtes dont on aperçoit la cervelle, ces jambes et ces bras déchirés et brisés, ces épaules cassées, en entendant ces poitrines râlantes, ils feraient tout pour empêcher le fléau qui jette les nations contre les nations.

Ce spectacle, si navrant en lui-même, eût été mille fois plus déchirant si la religion n'était venu consoler tant de souffrances et faire briller aux yeux de ces martyrs du devoir la couronne de l'immortalité.

Les ennemis du clergé, même les plus acharnés, pourront-ils encore se refuser de bonne foi à rendre hommage à son dévouement patriotique pendant toute la durée de la guerre ? Dans les ambulances comme sur le champ de bataille le vit-on jamais ménager sa vie et marchander ses fatigues ? Dieu et patrie, sacrifice et charité n'étaient pas pour lui de vains mots.

Après avoir passé une grande partie de la nuit (1) qui pré-

---

(1) MM. Liquette et Guérin restèrent presque toute la nuit au confessionnal.

céda la bataille du 3 janvier, à purifier la conscience de nos braves soldats, MM. les aumôniers des divisions, MM. les curés des paroisses où se trouvaient les ambulances, prodiguèrent les soins de leur ministère aux mourants et aux blessés. En s'occupant spécialement des âmes, ils ne négligeaient pas les corps; ils arrêtaient les hémorragies, bandaient les plaies et pansaient les blessures. Ils furent puissamment aidés par M. l'abbé Marin, supérieur de la Société de St-Bertin, par MM. les abbés Dutoit, Demory, directeurs au Petit-Séminaire, et par le R. P. Cazeneuve, de la Miséricorde.

M. l'abbé Sterlin, aumônier du 22e corps, les RR. PP. Jouin et Altmayer, dominicains de la maison de Lille, les RR. PP. Sommervogel et Hamy, de la Société de Jésus, M. l'abbé Chauleur, économe du Petit-Séminaire, M. l'abbé Maquer, curé de Pelves, M. Bernard, curé de Martinpuich, allèrent sur le champ de bataille relever les blessés et absoudre les mourants. Les voyez-vous aider à prendre une meilleure position ces pauvres mutilés, qui se dressent à moitié sur leurs genoux ou qui s'attachent à toutes les aspérités du sol; les voyez-vous se pencher sur des soldats étendus par terre pour épier sur leurs lèvres si le souffle des poumons joue encore; pour surprendre, malgré leur ténuité extrême, les derniers sons d'une voix qui s'éteint. « Un obus, nous raconta l'un d'eux, soulève à cinquante mètres de moi une grande quantité de terre, les éclats de fonte circulent dans l'air, cherchant une tête à briser, un ventre à ouvrir, un membre à lacérer.... Encore un, puis un autre, puis dix autres... Dieu me protége, je ne suis pas atteint. »

Quelques religieux s'étant avancés le soir trop près de Bapau e, furent arrêtés par les Prussiens qui, après leur avoir prodigué toute espèce de tracasseries, consentirent enfin à leur rendre la liberté, mais à la condition de rentrer en France par la Belgique. Les religieux protestèrent énergiquement. On examina de nouveau les pièces dont ils étaient porteurs; on les retourna en tous sens : — « Ah ! satanés papiers de jésuites, s'écria un Allemand, ils sont en règle, nous devons nous incliner. »

Un aumônier avait accompagné un chariot envoyé par M. Raison, maire de Favreuil, pour aller chercher les soldats tombés aux environs de St-Aubin. Ce chariot fut pris par les uhlans et conduit à Bapaume sans pitié pour ces infortunés à qui les blessures et le froid causaient de cruelles souffrances. L'aumônier alla aussitôt trouver le général pour réclamer contre la violation de la convention de Genève ; l'on ne daigna pas lui répondre. Il fit alors appel au sentiment d'humanité qui doit faire vibrer tout noble cœur ; on lui permit enfin d'emmener ses blessés à Favreuil, à la condition d'entourer de soins ceux de la nation prussienne.

Nos officiers se firent plus d'une fois un devoir de signaler au public le dévouement et le patriotisme du clergé (1).

« Pendant que mon bataillon, écrit un officier supérieur, chargeait sur l'artillerie, un prêtre dont j'ai malheureusement oublié le nom et dont je n'oublierai pas la figure (c'est M. l'abbé Wibaux, originaire de Roubaix, missionnaire en Cochinchine), marchait au milieu de nous et donnait l'absolution à bien de mes braves bretons qui sont restés sur le sol dans cette marche de plus de 1,100 mètres sous la mitraille. Après le combat, il a passé la nuit à secourir mes blessés et à relever ceux qui étaient sur le champ de bataille. »

Le clergé de Bapaume se montra aussi à la hauteur de sa sainte mission dans ces jours de deuil et de tristesse. Il riva-

---

(1) « Il me sera toujours agréable, disait un officier supérieur d'artillerie, de faire l'éloge du bon curé de campagne et de dire hautement dans nos cercles militaires que la générosité du prêtre dans cette triste guerre a été mille fois plus grande que celle des riches propriétaires.

« Je bénirai toujours les curés d'Achiet-le-Grand, d'Achiet-le-Petit, de Boiry-Ste-Rictrude, d'Ayette, de Fampoux et tous nos braves prêtres de la Somme. »

lisa de zèle, de patriotisme, de dévouement avec MM. les docteurs Serré, Guibert et Prevost. Monsieur le Doyen et ses dignes vicaires, MM. Lejosne et Guilhaut, furent occupés jour et nuit pendant plus de deux semaines à procurer aux malades et aux mourants les consolations de la religion. Que de fois, tremblants de heurter une jambe fracassée ou un bras brisé, ils étaient obligés d'enjamber sur ces corps couchés par terre en tous sens et de se mettre à genoux dans le sang, pour entendre une voix presque éteinte qui murmurait ces mots : « Mon père ! mon père ! »

Indépendamment des confessions à recevoir, des absolutions, des extrêmes-onctions à donner, il y avait une foule d'autres petits services matériels qu'ils s'empressaient de rendre. « A boire, M. l'abbé, s'il vous plaît, s'écriait un mobile... — Aidez-moi à me retourner, je suis si mal, » disait un autre. Ils apportaient à l'instant une boisson rafraîchissante pour ces lèvres desséchées ; ils passaient avec précaution les mains par-dessous les épaules ou les reins, afin de lever ou de retourner ces malheureux à qui la douleur arrachait ces cris : « Oh ! là, mon bras ! Oh ! là, ma jambe !

Leur seule présence suffisait parfois à soulager les malheureux qu'on opérait. Un soldat souffrait d'horribles tortures pendant que le médecin pressait de ses mains ensanglantées des organes entièrement dépouillées de leur peau pour les forcer à reprendre leur place. Il poussait des cris affreux. « Je m'approchais de lui, dit M. Cornet, je me mis à soulever sa tête, à la soutenir d'une main pendant que j'essuyais de l'autre la sueur froide qui mouillait son front et ses joues. Mon regard attaché sur le sien indiquait combien je compatissais à ses souffrances. Il cessa de crier, bien que le docteur continuât son atroce besogne. Un mouvement que je fis, lui donna à penser que je me retirais. « M. le curé, restez, s'il vous plaît, votre présence me procure tant de bien. »

Je manquerais à mon devoir si je ne signalais aussi le

dévouement des Frères de la doctrine chrétienne. Ne pouvant comme leurs confrères de Paris aller ramasser les blessés jusque sous les balles ennemies, ils leur prodiguèrent, dans les ambulances organisés à la caserne, tous les soins que la religion seule peut inspirer. Si les premiers furent l'élite des brancardiers, mot nouveau dont chaque lettre est bénie, les seconds furent l'élite des infirmiers.

Le ministère du clergé, si douloureux qu'il fût à Bapaume, n'était pas toutefois sans consolation. La reconnaissance, qualité si rare dans les cœurs ravagés par les passions mauvaises, a paru une des vertus les plus caractéristiques des victimes de la bataille de Bapaume. Que de fois on les a entendues exprimer leur gratitude dans les termes les plus affectueux! « Oh! s'écriait pendant une crise horrible un pauvre lignard attaqué du tétanos spontané, M. l'abbé, que vous êtes bon pour moi! »

Tous montraient une grande foi et une patience inaltérable. « Je souffre, disait un jeune chasseur, mais mon chapelet m'aide à supporter mes souffrances ; je n'ai jamais passé un seul jour sans le réciter. » — « M. l'abbé, confessez-moi, murmurait un artilleur qui avait les deux pieds emportés par un boulet, confessez-moi, demain il sera trop tard. Puis vous écrirez à mon père comment je suis mort. » —Un fusilier marin avait reçu trois balles dans la poitrine ; les poumons sortaient par le dos : il souffrait horriblement, et néanmoins pas le moindre murmure. Un soldat, qui était protestant, fut touché de la grâce en voyant le dévouement héroïque des religieuses; il fit abjuration, reçut le baptême et mourut dans la paix du Seigneur. Un chasseur était grièvement blessé, la balle avait touché la moëlle épinière. Il y avait déjà commencement de paralysie : « Je ne mérite pas de recevoir les derniers Sacrements ; mais Dieu est infiniment miséricordieux, il aura pitié de moi. » Et à l'instant il voulait faire tout haut l'aveu de ses fautes ; il reçut ensuite les secours de la religion et expira comme un saint. « Écrivez à ma mère, disait-il quelques instants avant de rendre le dernier soupir, dans quelle disposition je meurs, cette nouvelle seule pourra la consoler dans sa douleur. »

Si la foi des soldats fut pour le clergé la source d'abondantes consolations, celle des officiers ne l'a ni moins édifié, ni moins encouragé dans son dévouement de tous les jours. Bornons-nous à rappeler la fin si glorieuse et si chrétienne du brave M. Granger, capitaine de vaisseau et commandant le régiment des fusiliers marins. Frappé à mort sur le champ de bataille de Béhagnies, il fut transporté par les Prussiens à Bapaume et soigné chez M. Legay-Bize. Au milieu des plus cruelles souffrances, il montra la résignation la plus chrétienne, la patience la plus inaltérable. Quelques jours avant qu'on lui fit l'amputation, il voulut qu'une main sacerdotale se levât sur son front pour le réconcilier avec Dieu. Sur le point de mourir, il réclama de nouvelles bénédictions. Avec quelle foi il déposait ses lèvres décolorées sur l'image de Jésus crucifié ; avec quel vif patriotisme il disait à M. le Doyen : « J'offre bien volontiers ma vie pour le salut de la France ; écrivez à mes parents que je meurs en chrétien et en fils soumis de l'Église. »

Il n'est aucun des nombreux officiers blessés qui n'aient reçu avec respect les derniers sacrements ; un ou deux, peut-être, ont accepté, plutôt que souhaité, leur réconciliation ; tous les autres ont témoigné le désir de mourir dans les espérances que fait naître le repentir et dans la paix de Dieu.

On l'a dit mille fois et les faits l'ont vérifié : la croix et l'épée ont de telles affinités qu'il est bien rare de voir un homme de cœur frappé par l'épée, refuser d'embrasser la croix.

CHAPITRE VI.

La victoire vint s'abriter à Bapaume sous nos drapeaux. — Les télégrammes allemands convaincus de mensonge. — Réponse du général Faidherbe au général von Gœben. — Le général Faidherbe a-t-il profité de sa victoire ? — Quel était son but en livrant la bataille ? — L'a-t-il atteint ? — Pouvait-il l'atteindre ? — Spectacle presque unique dans l'histoire. — Le 20ᵉ chasseurs se couvre de gloire en repoussant une charge des cuirassiers blancs. — Proclamation du général en chef à l'armée. — Le mouvement rétrograde des Français jette de nouveau les populations dans l'abattement. — Désolation à Bapaume. — Inhumation. — Seconde occupation de la ville et des environs. — Nouvelles réquisitions accompagnées de mille vexations. — Le charron d'Achiet-le-Grand sur le point d'être passé par les armes. — Prise de 43 uhlans à Monchy. — L'armée française s'ébranle. — Enlèvement des grand'gardes prussiennes à Béhagnies. — Entrée du général Derroja à Bapaume. — Acclamation générale. — La reddition de Péronne. — Une reconnaissance prussienne lance quelques obus sur les avant-postes français placés au faubourg de Paris. — Télégramme allemand. — Une partie de l'armée française marche sur Albert. — Entrée de la division Robin à Bapaume. — Elle quitte cette ville pour marcher sur Saint-Quentin. — Bataille. — Troisième occupation prussienne. — Circulation interdite. — Dangers courus à Bapaume par deux honorables habitants d'Arras. — Le ministre protestant veut officier dans l'église. — Réquisitions sur réquisitions. — Tableau officiel. — Contributions imposées aux cantons de Croisilles et de Bertincourt. — Le 28 janvier, l'armée prussienne quitte Bapaume. — Le pays est tout-à-fait épuisé. — Armistice. — Le canton de Bapaume allait être frappé d'une contribution de guerre comme ceux d'Albert et de Combles sans la prévoyance de M. le Maire.

Pendant la bataille des 2 et 3 janvier 1871, tous les régiments réguliers, les 46ᵉ et 48ᵉ mobiles, et le bataillon des voltigeurs (1) du Nord avaient montré les quali-

___
(1) Ce bataillon n'était pas formé de mobilisés, mais de soldats éva-

tés des soldats français des meilleurs jours ; l'artillerie, commandée par le lieutenant-colonel Charon, dont l'intelligence et le courage étaient appréciés de toute l'armée, avait été admirable par la précision et la justesse de son tir. L'ennemi lui-même ne put s'empêcher de lui témoigner toute l'estime qu'il avait pour elle. « Votre artillerie est très-bonne, » disait l'état-major prussien à M. le baron de Cantillon, envoyé à Amiens lors de l'armistice; il tint aussi le même langage à un autre officier supérieur (1). Aussi la victoire vint-elle récompenser tant de bravoure et s'abriter sous nos drapeaux.

Les Prussiens osèrent néanmoins se vanter d'avoir remporté de nouveaux succès dans les environs de Bapaume.

---

dés de Coblentz et de déserteurs belges. Ceci explique sa fermeté devant l'ennemi.

(1) Tous nos obus étaient armés de fusées percutantes inventées par M. Desmaret, lieutenant-colonel en retraite à Hesdin, qui était venu se mettre à la disposition de M. le général Treuille de Beaulieu, commandant l'artillerie à Douai. Ce général est l'inventeur de nouveaux obus à balles qui, tirés par le 4, le 8 et le 12, jusqu'à 2,500 et 3,000 mètres, ont produit le même effet que les mitrailleuses dont la portée maxima était de 2.000 mètres. Ces nouveaux projectiles, en éclatant, donnent naissance à une gerbe qui se développe en éventail et qui occupe tout l'espace jusqu'à 2 et 300 mètres en avant du point d'éclatement.

Le lecteur sera aussi content de connaître les ordres si précis que donnait à l'artillerie du 22e corps le brave commandant Pigouche : 1° prendre de grands intervalles entre les pièces 40 à 50 mètres ; 2° se mettre en batterie derrière des mâches de betteraves, des plis de terrain, en un mot, derrière un abri quelconque ; 3° placer les caissons dans les ravines, derrière les maisons, les dissimuler autant que faire se peut ; 4° pointer et tirer lentement ; 5° dès que deux ou trois obus ennemis tomberont dans la batterie et indiqueront que le tir prussien est réglé, le capitaine commandant portera sa batterie à 100 mètres en avant, ou à 100 mètres à droite et à gauche, ou à 100 mètres en arrière en dernier lieu seulement.

Peu scrupuleux de composer à leur fantaisie des bulletins victorieux, ils envoyèrent à Berlin, après deux jours de silence, des télégrammes forgés dans je ne sais quelle officine de mensonge. Leurs journaux annoncèrent, sur la parole du général Manteuffel, que « les troupes allemandes avait livré des combats sanglants, mais victorieux. Le 2 janvier, la 3ᵉ brigade Strubberg avait repoussé l'attaque de forces supérieures. »

Il est vrai que le 2, une brigade de la 1ʳᵉ division du 23ᵉ corps a échoué en voulant s'emparer de Béhagnies occupé par des forces très-nombreuses. Mais nous avons enlevé, ce jour-là, Achiet, Bihucourt, Mory, et l'ennemi a été si peu victorieux que, se voyant tourné, il a évacué pendant la nuit Béhagnies et le lendemain matin Sapignies.

« Le 3 janvier, continuent-ils, le général von Gœben et le prince Albert fils, maintinrent glorieusement leur position. » — A Bapaume que nous n'avons pas attaqué, oui, mais à Favreuil et à Biefvillers, à Avesnes-lez-Bapaume et au faubourg d'Arras, à Grévillers et à Tilloy, non ; les Prussiens furent repoussés sur toute la ligne.

« Le soir, ajoutent-ils, nous avons pris deux villages à la baïonnette. » — Nous serions très heureux de connaître les noms de ces villages qu'ils ont bien soin de ne pas désigner. Nous ne savons qu'une chose, c'est qu'ils ont réoccupé à deux fois différentes, dans l'après midi, le hameau de Saint-Aubin que, sans ordre, leur avaient enlevé les têtes de quelques colonnes. Quant à la prise de ce hameau à la baïonnette, nous nous bornerons à dire que cette arme est trop terrible dans les mains françaises pour que les Prussiens aient osé s'en servir contre nos soldats.

En train de mentir, les télégrammes ne veulent pas mentir à demi. Ils publient « qu'après quatre heures nous avons commencé notre retraite vers Arras et Douai. » — Comme nous l'avons vu, nous avons couché sur la plupart des villages conquis ; le lendemain seulement nous avons reçu l'or positions en les reportant à cinq ou six kilomètres en arrière vers Adinfer et Boyelles. Et encore ce mouvement rétrograde d'une armée victorieuse a-t-il été fortement blâmé par plusieurs habiles tacticiens.

La cavalerie, « en poursuivant les bataillons ennemis, disent-ils enfin, les a attaqués avec succès et a fait encore des prisonniers. » — Cette poursuite de la cavalerie prussienne se réduit à une charge qui donna l'occasion au 20° chasseurs à pied de se couvrir de gloire. Les prisonniers qu'elle fit, étaient des traînards que l'on rencontre malheureusement dans toutes les armées.

Au surplus les bulletins allemands sont démentis par les renseignements que fournissent les populations du pays proclamant avoir vu de leurs propres yeux, le 3 au soir, des corps ennemis s'éloigner du champ de bataille en grand désarroi dans la direction de Saint-Quentin, de Péronne, d'Amiens et de Doullens.

Le général Faidherbe a pris soin de réclamer officiellement contre l'assertion des télégrammes prussiens.

« Boisleux, le 7 janvier 1871, 10 heures 20.

« J'espérais que les Prussiens ne nous contesteraient pas notre victoire de Bapaume ; mais je vois, par leurs bulletins, que nous venons d'être anéantis pour la seconde fois, en dix jours, par l'armée de Manteuffel.

« En maintenant le récit de la bataille tel que je l'ai fait le 4 janvier, je me bornerai, comme après Pont-Noyelles, à vous signaler les principales inexactitudes matérielles des dépêches prussiennes.

« L'armée du Nord a couché dans les villages de Grévillers, Biefvillers, Favreuil, Sapignies, Béhagnies, Bihucourt, Achiet-le-Grand, qu'elle avait conquis sur les Prussiens, et n'est allée prendre ses cantonnements à deux lieues de là, qu'à huit heures du matin, sans que l'ennemi donne signe de vie. »

Quelques mois après, le général répondit à un article du général Von Gœben, publié dans un journal allemand sous ce titre : « Rectification du général Gœben sur le livre du général Faidherbe, intitulé : *La Campagne de l'armée du Nord en 1870-1871.* » Nous donnons les principaux extraits de cette réponse :

« Si j'étais seul en question, je n'eusse pas répondu ; mais il y a les généraux, les officiers et les soldats que j'avais l'honneur de commander, qui, par leur bravoure et le prix de leur sang, ont apporté une petite consolation à la patrie abattue, et je ne puis leur laisser enlever ni amoindrir la gloire qu'ils ont acquise dans cette circonstance.

« Le général Von Gœben prétend que l'article du *Daily Telegraph*, est le résultat d'une erreur d'un reporter anglais, et qu'il n'a pas fait le rapport officiel que cet article lui attribue.

» Voici l'article du *Daily Telegraph* du 9 janvier :

« Le général Gœben, commandant de deux divisions du
« Nord, publie un rapport officiel sur les engagements du 2 et
« du 3. Il établit que trop peu de troupes ont pris part à l'ac-
« tion, à cause de la marche trop lente de ses forces, et aussi
« que les nouveaux régiments paraissent trop faibles. Il de-
« mande aux commandants des régiments une liste des offi-
« ciers qui ont fui pour qu'ils soient immédiatement cassés. »

« Cet article est si clair et si net ; il concorde tellement avec les résultats obtenus par nous, avec les renseignements fournis par les populations du pays et le témoignage d'un étranger qui se trouvait parmi les Prussiens, constatant tous que des corps ennemis avaient été vus le 3 au soir et le 4, s'éloignant du champ de bataille en grand désarroi, dans les directions de St-Quentin, de Péronne et d'Amiens, que j'ai cru pouvoir donner ce document comme sérieux et exact.

« Mais, du moment que le général Gœben affirme n'avoir

pas fait un tel ordre du jour, ce n'est pas moi qui douterai de la véracité d'un adversaire, qui personnellement s'est toujours montré loyal et plein de courtoisie, et je déclare m'en rapporter à sa parole.

« Quant à ses appréciations sur la bataille, je ne saurais les accepter.

« J'établirai simplement des faits.

« Le 2 janvier, les Prussiens, avec plus de quatre-vingts pièces de canon, occupaient tout autour de Bapaume les villages de Béhagnies, Achiet-le-Grand, Sapignies, Bihucourt, Mory, Favreuil, Beugnâtre, Grévillers, Biefvillers, Avesnes et Tilloy.

« Dans les journées du 2 et du 3, tous ces villages furent successivement enlevés par les têtes de colonne de l'armée française, après une lutte acharnée, comme cela est raconté dans ma relation. Les Prussiens laissèrent sur le terrain des morts et des blessés en grand nombre.

« Le 3, à la nuit, j'arrêtais mes troupes dans les faubourgs de Bapaume. Il ne se trouvait plus dans cette ville que quelques centaines de Prussiens sans artillerie. (Le général se trompe sur le nombre.)

« Si nous étions entrés dans la ville et que les Prussiens eussent voulu se défendre dans les étages des maisons, la ville eût été inévitablement incendiée, ce que je voulus éviter.

« Cette nuit même, pendant que l'armée française couchait dans les villages conquis, les Prussiens évacuaient Bapaume.

« Le matin du 4, l'armée française, pour se refaire, allait chercher des cantonnements à six kilomètres en arrière; elle n'entrait à Bapaume que deux jours après. (C'est sept jours après qu'il faut lire, comme on le verra plus loin.)

« Maintenant admettons des pertes égales de part et d'autre, environ douze cents hommes tués ou blessés de chaque côté, et l'on avouera que si les Prussiens ont le droit de crier victoire chez eux, nous avons bien le droit d'en dire autant chez nous, sans qu'on vienne nous contredire.

L. FAIDHERBE. »

D'après ces renseignements certains, on ne conçoit pas que l'ennemi puisse revendiquer notre victoire de Bapaume. Nous ne désirons qu'une seule chose, c'est que les Prussiens n'aient jamais remporté d'autres succès ; notre belle France eût été promptement délivrée des malheurs de l'invasion.

Le général en chef, dont le sang-froid et la sagacité dans le maniement de ses troupes ne peuvent être contestés, a-t-il su profiter des succès qu'il remporta sous Bapaume ? Peut-on lui adresser ce reproche que faisait Maharbal à Annibal : Tu sais vaincre, mais tu ne sais pas profiter de ta victoire.

Pour mettre l'opinion en état de discerner la vérité, il faut se poser ces questions : Quel était le but que se proposait le général Faidherbe en attaquant les Prussiens ? L'a-t-il atteint ? Pouvait-il l'atteindre ? Quels sont en général les résultats de la victoire de Bapaume ? La réponse à ces questions est du plus haut intérêt.

1° Quel était le but qu'avait l'intention d'atteindre le général en chef en livrant la bataille, les 2 et 3 janvier ? — Le général l'avoue lui-même dans un ouvrage intitulé : *La Campagne du Nord*, p. 43.

« Le 2 janvier, pour nous opposer au bombardement de Péronne, dont la nouvelle venait de nous arriver, nous nous mîmes en marche par quatre routes parallèles. » La levée du siége de Péronne était donc le but avoué. Ce n'était donc pas, comme l'écrivit un journal de Lille, pour empêcher les Prussiens de venir assiéger la ville d'Arras. L'ennemi était trop méthodique, trop prudent, pour qu'on ait pu lui prêter un instant l'intention d'aller, pendant le bombardement de

Péronne, commencer celui d'Arras, ville bien fortifiée, munie d'une assez forte garnison, et surtout protégée par une armée extérieure aussi nombreuse que la sienne.

Ce but a-t-il été atteint? Hélas! nous voudrions pouvoir le dire. Mais tout le pays sait que le bombardement de Péronne, repris le 2 janvier, continua sans interruption jusqu'au 9, jour où cette ville se rendit.

Le général Faidherbe pouvait-il atteindre ce but? Avait-il sous la main les moyens suffisants? N'aurait-il pas rencontré des difficultés insurmontables? Voilà ce que nous allons envisager avec la plus sévère impartialité.

Vers trois heures et demie de l'après-midi, l'armée pleine de confiance et toute fière de sa victoire ne demandait qu'à marcher en avant, s'emparer de Bapaume et s'avancer sur Péronne. Aussi grand fut l'étonnement des officiers et des soldats lorsqu'ils reçurent l'ordre de se porter en arrière. L'armée prussienne, au contraire, complétement démoralisée était en désarroi, et en pleine débandade. Ceci est tellement vrai que les régiments battus à Bapaume n'y reparurent qu'après la bataille de St-Quentin.

Mais, dit-on, pour déloger l'ennemi de Bapaume, il fallait détruire avec de l'artillerie les abris où il s'était retiré, et, par conséquent, ruiner cette ville. — On n'était pas obligé d'en venir à cette extrémité; on n'avait qu'à continuer le mouvement tournant commencé des deux côtés; il en serait résulté que les Prussiens auraient été forcés d'évacuer Bapaume ou qu'ils y auraient été pris comme dans une souricière. D'ailleurs l'armée française pouvait l'occuper le lendemain sans coup férir, puisque l'ennemi l'avait abandonné le matin. Le général en chef dut le savoir par un habitant de Bapaume qu'un bataillon recueillit en sortant de Biefvillers.

On avait besoin de se ravitailler. — Il ne faut pas oublier que les Prussiens étaient dans la même nécessité que nous. Mais, ne pouvions nous pas faire venir des munitions et des vivres à Bapaume et même au-delà de Bapaume, presque aussi facilement qu'à Boiry et à Boyelles, etc.? la station d'Achiet n'était pas éloignée de cette ville et la route d'Arras à Péronne se trouvait dans les meilleures conditions. Au reste, il est toujours bien fâcheux de voir une armée française, en pleine France, non loin du centre de ses approvisionnements, ne pouvoir mener avec elle de quoi faire face pendant huit jours à tous les événements.

« On apprenait d'ailleurs que l'attaque de Péronne avait été suspendue ? » — Qui donc a pu tromper ainsi le général en chef et donner un caractère de certitude à ce qui était exactement le contraire de la vérité? Le 2 janvier, le bombardement avait recommencé pour ne plus être interrompu.

« Dans ce mouvement en arrière, on a pris en considération la fatigue des troupes et le froid extrêmement rigoureux. » — Le froid que l'on invoque ici pour justifier ce mouvement rétrograde n'était-il pas aussi rigoureux les jours qui précédèrent la bataille? Pourquoi avoir marché en avant? Quand une armée est sur le point d'atteindre le but qu'elle se propose en attaquant l'ennemi, nous demandons aux hommes de l'art si un peu plus de fatigue des troupes est une raison qui doit empêcher un général en chef de compléter sa victoire.

En résumé, les Prussiens étaient persuadés que nous allions nous avancer sur Péronne, et le général Manteuffel avait donné l'ordre de lever le siège à l'approche de l'armée française. Nous pourrions citer plusieurs personnages qui l'ont entendu de la bouche de ce général.

Quels sont donc les vrais motifs qui ont engagé le général Faidherbe à ne pas poursuivre son succès? Était-ce la conséquence de ce plan qu'on lui a prêté : attaquer puis se retirer, ou le résultat d'un ordre reçu de M. Gambetta, devenu tout-à-coup d'avocat ministre de la guerre? Nous l'ignorons. Les secrets des conseils restent renfermés dans leurs enceintes ; l'armée les reçoit, les exécute, en apprécie les résultats, mais ne peut qu'en soupçonner les motifs.

Quoi qu'il en soit, si la victoire de Bapaume n'a pas abouti à la levée du siége de Péronne, si elle n'a pas eu une influence bien sérieuse sur la défense générale du pays, elle a du moins fait renaître momentanément l'espérance dans le cœur des populations du Nord, relevé le moral de nos soldats et concouru à empêcher la prise du Hâvre.

Le 4 janvier offrait le spectacle presque unique dans l'histoire. On voyait deux armées qui se fuyaient réciproquement après en être venu aux mains pendant deux jours consécutifs. Les Prussiens évacuèrent Bapaume pendant la nuit ; à huit heures il n'en restait plus un seul ; ils s'étaient dirigés vers Bray et Amiens ; le général von Gœben alla établir son quartier-général à Dompierre, sur la rive gauche de la Somme. Les Français avaient aussi quitté l'arène sanglante, où ils avaient déployé tant de valeur, pour aller prendre leurs cantonnements dans les villages indiqués par l'ordre du jour suivant :

« 22e corps : grand quartier-général : Boiry.

« 1re division . Ransart, Adinfer, Hendecourt et Ablainzevelle.

« 2e division : Boiry-St Martin, Boiry-Ste-Rictrude, Boisleux-au-Mont, Boiry-Becquerelle.

« 23e corps, grand quartier-général : Hénin-sur Cojeul.

« 1re division : Hénin-sur-Cojeul, St-Martin, Héninel.

« 2e division : Mercatel, Neuville-Vitasse.

« Grand quartier général : Boisleux.

« Chaque division prendra une route distincte ; le 22e corps : le chemin de fer et à gauche de ce chemin ; le 23e corps . la route de Bapaume et les chemins intermédiaires entre cette route et la voie ferrée.

« Achiet-le-Grand, 3 janvier 1871.

« *Le major général,*

« Signé : FARRE. »

Notre mouvement rétrograde s'opéra dans le plus grand ordre. L'ennemi ne comprenait pas comment une armée victorieuse battait en retraite; aussi envoya-t-il en reconnaissance deux escadrons de cuirassiers blancs. Ces deux escadrons s'avancèrent lentement sur la route de Bapaume à Arras, nous observant d'assez loin, depuis notre sortie de Biefvillers. Mais lorsque la colonne formant l'arrière-garde fut arrivée sur le territoire de Sapignies, près du buisson Etenne, ils masquèrent leur mouvement au moyen de ce village et s'approchèrent de manière à pouvoir nous charger. Un de ces escadrons fondit à bride abattue sur le 20e bataill'on de chasseurs (commandant Hecquet), qui fermait la marche. Nos soldats calmes et intrépides l'accueillirent à cinquante pas par une vive fusillade et le détruisirent presque complétement. Il y eut 16 hommes et 18 chevaux tués sur une superficie de six ares; un assez grand nombre tombèrent dans un rayon plus étendu. L'autre escadron, jugeant à propos de ne point s'exposer à subir le même sort que le premier, prit la fuite. Le tir des chasseurs fut si habilement dirigé qu'un cavalier reçut onze balles dans le côté gauche de sa cuirasse. Le commandant fut fait prisonnier. Comme on lui demandait pourquoi il s'était ainsi hasardé à attaquer les chasseurs: — « Je pensais, répondit-il, n'avoir affaire qu'aux mobiles. » Cette parole révèle le peu de crainte qu'inspirait en général aux Allemands ce corps qui, s'il avait été bien organisé, bien discipliné, bien armé, aurait valu les meilleures troupes. Dans cette charge de cavalerie nous eûmes un soldat tué et trois légèrement blessés. Il était environ dix heures du matin lorsqu'eut lieu ce beau fait d'armes.

Ces fiers cavaliers surent dès lors se tenir à une certaine distance respectueuse de l'armée. Toutefois les uns continuèrent à la suivre pour ramasser les traînards; les autres allèrent fouiller les villages abandonnés. C'est ainsi que cinq ou six uhlans firent prisonniers à Favreuil une vingtaine de mobiles et à Vaulx une quarantaine de mobilisés ; ces hommes indignes d'être Français allèrent expier leur défaillance dans les prisons d'Allemagne.

Le général Faidherbe, arrivé à Boisleux, s'empressa d'adresser aux troupes cette proclamation :

« ARMÉE DU NORD,

« Ordre. A la bataille de Pont-Noyelles, vous avez victorieusement gardé vos positions.

« A la bataille de Bapaume, vous avez enlevé toutes les positions à l'ennemi.

« J'espère que cette fois il ne vous contestera pas la victoire.

« Par votre valeur sur le champ de bataille, par votre constance à supporter les fatigues de la guerre dans une saison aussi rigoureuse, vous avez bien mérité de la patrie.

« Les chefs de corps devront me signaler les officiers, sous-officiers et soldats qui, par leur conduite, auraient plus spécialement mérité des récompenses. Vous allez immédiatement compléter vos approvisionnements en munitions de guerre pour continuer vos opérations.

« Boisleux, 4 janvier 1871.

« *Le général en chef*,

« FAIDHERBE. »

Comme dans un tableau, il y a toujours de l'ombre, le major général écrivait le même jour au général Paulze d'Ivoy :

« M. le général de division, commandant le 23ᵉ corps, est prié de m'envoyer d'urgence une note sur la conduite de la division des mobilisés du Nord, notamment sur le mouvement rétrograde opéré par la brigade du colonel Amos.

« Par ordre :

« *Le major général*,

« FARRE. »

— 131 —

Nous ne connaissons pas le rapport qu'adressa le commandant du 23° corps sur cette brigade, mais nous pouvons dire sans témérité qu'il ne fut guère trop flatteur. Il n'en fut pas de même de celui sur la 1re division. Nous en extrayons les principaux passages : « Je suis très-embarrassé, disait le général Paulze d'Ivoy, pour choisir ceux sur lesquels je dois appeler plus particulièrement votre attention. Néanmoins je dois vous signaler entre tous, comme s'étant plus particulièrement distingués, les généraux Payen, Michelet, Delagrange, qui ont conduit leurs troupes avec la plus grande habileté et avec une intrépidité digne de tout éloge, M. Degoutin, lieutenant-colonel au 48° régiment de mobiles, MM. Pyot, Vernhette, chefs de bataillon au même régiment, M. Parrayon, commandant le 2ᵉ bataillon de marins, M. Halphen, capitaine d'artillerie, et M. Négrier, commandant le 24ᵉ bataillon de chasseurs, à la tête de son bataillon à l'attaque de Favreuil (1). Je n'ai qu'à me louer comme toujours des

---

(1) Etat de proposition pour les citations à l'ordre de l'armée :

1re Brigade.

Régiment de marins.

1er bataillon { Thomas. / Boissart.

2e bataillon { Le Bihan. / Haffond.

3e bataillon { Ducasse. / Gustave François.

48e mobile { Gros. / Lagniel. / Daroche.

19ᵉ bataillon de chasseurs { Bardet. / Rampin. / Carpentier.

2e Brigade.

65e de ligne { Marchand. / Berdot. / Duponcel.

47e de mobiles { Blary. / Chevalier. / Rudant.

23e chasseurs à pied { Caudry. / Besse. / Raicol.

33e de ligne { Dandre. / Meunier. / Knoffle.

4e batterie *bis* { d'Airzac. / Lochet.

3e batterie *ter* { Hiot. / Génot.

officiers de mon état-major : le colonel Marchand, chef d'état-major, le capitaine de Thanneberg, mon seul aide-de-camp, le capitaine Cauvin, de la mobile de la Somme, les lieutenants Gagneur et Pinot, mes officiers d'ordonnance. »

Le général en chef adressa cet ordre général au 23ᵉ corps :

« Tous les corps de l'armée du Nord qui ont combattu à la bataille de Bapaume, ont noblement fait leur devoir.

« Parmi les mobiles et les mobilisés mis à l'ordre de l'armée pour la belle conduite dans les circonstances exceptionnelles, on cite :

« Le 48ᵉ régiment de mobiles.

« Le bataillon de voltigeurs.

« Le 2ᵉ bataillon du 1ᵉʳ régiment des mobilisés du Nord.

. . . .

« *Le général en chef,*
« FAIDHERBE. »

La retraite de l'armée française jeta dans le plus grand abattement les populations qui avaient été momentanément délivrées de la présence des Prussiens. Elle ne leur laissait, en effet, d'autre perspective qu'une seconde invasion plus terrible que la première. Comment pourrons-nous satisfaire, disait-on, aux besoins insatiables de l'ennemi qui exigera, le pistolet à la main, ce qu'il nous sera impossible de lui fournir. Nous n'avons plus de provisions, plus de denrées, plus de pain, plus de charbon.

Plusieurs ecclésiastiques, à qui l'on avait tout pris, ne purent s'empêcher de verser des larmes en se voyant dans l'impuissance de secourir tant de misères ; quelques-uns même furent obligés de mendier un morceau de pain.

A Bapaume, la désolation des habitants n'était pas moins grande. Si, le matin, ils avaient éprouvé un vif contentement en voyant leur ville évacuée par l'ennemi, ce contentement avait bientôt fait place à la plus profonde consternation, lorsqu'ils eurent appris l'éloignement de l'armée française.

On lisait sur leurs visages l'anxiété la plus mortelle ; on les entendait exprimer ainsi leur affliction : « Pourquoi l'armée française ne s'avance-t-elle pas ? A quel triste sort sommes-nous condamnés ? Nous allons être de nouveau livrés à la merci de ces Prussiens qui, après nous avoir accablés de mauvais traitements, livreront au pillage et à la destruction le peu que nous avons encore ? Quand nos souffrances auront-elles un terme ? »

Cet abattement général était encore entretenu par le nombre des blessés qui se trouvaient dans les ambulances, et par la grande quantité de cadavres qui gîsaient aux abords de la ville et auxquels il fallait donner la sépulture. C'était une question de salubrité publique. Il ne fut pas facile d'ouvrir, dans le cimetière de Bapaume, à cause de la terre durcie par la gelée, une fosse mesurant 8 mètres de longueur, 1 mètre 50 de largeur et 2 mètres de profondeur. Rien de triste à voir comme ces corps d'hommes souvent demi-nus, criblés de blessures, couverts de sang, étendus pêle-mêle, et dont quelques-uns ne présentaient plus déjà qu'une masse informe. Après que M. Cornet eut béni cette fosse béante, on y empila 186 cadavres qui reposeront là jusqu'au jour où l'ange du Seigneur annoncera la résurrection. On les ensevelit comme entre deux draps de toile blanche, chaux dessus, chaux dessous ; on étendit sur eux une couche de terre assez épaisse pour garantir les vivants, des émanations putrides, et les morts, des oiseaux de proie.

Dans les communes voisines de Bapaume on s'occupa aussi de l'inhumation des morts. A Biefvillers se trouvait une ancienne carrière à marne communiquant avec la surface du sol par un puits vertical maçonné d'environ 1 mètre 50 de diamètre et 20 mètres de profondeur. L'orifice de ce puits était depuis longtemps fermé par des rondins de bois de 0 mètre 8 à 0 mètre 10 de diamètre recouverts de terre. Une ouverture étroite fut pratiquée et on s'en servit pour jeter dans la carrière environ 140 cadavres. On masqua ensuite l'orifice du puits par un tumulus de 1 mètre 50 de hauteur, où l'on a planté une petite croix avec une inscription rappelant la mémoire du capitaine Ducoté et de ses soldats morts sur le champ de bataille (1).

Dans le cimetière de Favreuil, attenant à l'église, on creusa une fosse de 3 mètres 50 de longueur, 3 mètres de largeur et 3 mètres de profondeur ; on y plaça 36 cadavres, dont 24 français et 12 prussiens, disposés en rangs superposés recouverts immédiatement de 12 hectolitres de chaux.

A Ervillers, 9 cadavres ont été enterrés dans une fosse de 2 mètres de longueur, 1 mètre 50 de largeur et 2 mètres de profondeur, située dans un des angles du cimetière proche de l'église.

Dans le cimetière de Béhagnies, environnant aussi l'église, se trouvent deux fosses voisines l'une de l'autre et de 2 mètres de profondeur : l'une ayant 5 mètres de long sur 2 de large, renferme 14 ou 15 cadavres ; l'autre ayant 7 mètres de long sur 2 de large, en renferme 30 ou 31. Elles sont recouvertes d'un tumulus de 50 centimètres de hauteur. A 200 mètres environ du village, dans un champ nommé la Maladrerie, 8 cadavres ont été enfouis dans une fosse mesurant 5 mètres de longueur, 2 mètres de largeur, et 1 mètre 50 de profondeur. A environ 1,000 mètres du village, 14 cadavres ont été placés dans une excavation d'où l'on a autrefois extrait de la marne et mesurant 4 mètres de longueur, 5 mètres de largeur et environ 4 mètres de profondeur. Ils ont été ensuite recouverts d'une épaisseur de terre de 2 mètres.

A Sapignies, deux fosses situées dans le cimetière contigu

---

(1) Le 2e bataillon de chasseurs à pied : à la mémoire de Ducoté, capitaine ; Lemoine, sergent-major ; Boivin, sergent ; Jeannette, sergent, et autres chasseurs.

à l'église et ayant chacun 2 mètres de longueur, 1 mètre de largeur et 2 mètres de profondeur, renferment l'une 6 cadavres et l'autre 16.

A Ligny-Tilloy, une fosse mesurant 2 mètres 75 de longueur, 0 mètre 75 de largueur et 2 mètres 33 de profondeur, non compris un tumulus de 0 mètres 60 de hauteur, a été creusée dans le cimetière attenant à l'église, et a reçu 15 cadavres à 1 mètre 30 de profondeur. Trois hectolitres de chaux ont été versés sur la terre recouvrant les cadavres, après quoi la fosse a été entièrement comblée.

Dans le cimetière d'Achiet-le-Grand, situé à 1,500 mètres environ du village ont été creusées trois fosses. La première ayant 2 mètres 50 de longueur, 2 mètres de largeur et 2 mètres 50 de profondeur, contient 18 cadavres en deux rangées superposées ; la deuxième ayant 2 mètres de longueur, 0 mètres 80 de largeur et 2 mètres de profondeur, contient 3 cadavres ; enfin la troisième a la dimension d'une fosse particulière ordinaire et ne renferme qu'un seul corps. Chacune de ces fosses est surmontée d'un tumulus de 0 mètre 50 de hauteur.

A Grévillers, deux fosses, ayant les dimensions transversales d'une fosse privée ordinaire et 1 mètre 80 seulement de profondeur, ont été creusées dans le cimetière attenant à l'église et renferment l'une 7 cadavres superposés et l'autre 6.

Une fosse creusée dans le cimetière de Mory contient deux cadavres à la profondeur règlementaire.

Le 5 janvier on creusa dans le cimetière de Bapaume une seconde fosse identique à la précédente, sauf la longueur qui ne fut que de 7 mètres, où l'on mit 140 cadavres ; puis une troisième, mesurant trois mètres de longueur et 2 mètres de largeur, où l'on descendit 40 cadavres enfermés dans des cercueils. Enfin, il y a encore 30 à 40 autres fosses privées. Le cimetière de Bapaume est celui qui contient les restes du plus grand nombre des victimes de la guerre. Aujourd'hui il est grand en France le nombre de ces tombes communes où reposent l'un sur l'autre et pourrissent ensemble les corps de tant de vaillants soldats. En les visitant, n'oublions pas leurs âmes.

Un incident qui aurait pu avoir des suites fâcheuses vint signaler ces dernières inhumations. Le 5 janvier, vers dix heures du matin, un nouveau corps d'armée composé principalement de cavalerie avait fait son entrée à Bapaume sous le commandement du général von Gœben. Une très grande partie resta dans cette ville ; le reste alla occuper les villages environnants. Quelques temps après leur arrivée, le général et un colonel de lanciers ayant su qu'on enterrait les morts, firent occuper le cimetière par leurs soldats et s'y rendirent immédiatement. A la vue des cadavres prussiens plus nombreux que les français, le colonel entra dans la plus grande colère : « C'est ta faute, dit-il à un des adjoints qui présidait à cette opération funèbre, c'est ta faute. » En disant ces mots, il s'élança sur lui et menaça de le percer de son épée. Les fossoyeurs furent tellement saisis de crainte qu'instinctivement ils tombèrent à genoux et crièrent miséricorde.

Ces menaces indignes d'un homme civilisé, n'étaient que le prélude de mille vexations auxquelles allaient être en butte les habitants inoffensifs de Bapaume et des villages voisins.

Les ennemis furent en effet d'une exigence bien plus grande que lors de la première occupation. Leurs réquisitions, qui ne sont rien autre chose qu'un pillage organisé, étaient souvent accompagnées de mauvais traitements et d'insultes.

Une compagnie d'infanterie et une trentaine d'uhlans logés à Favreuil se répandaient à chaque instant dans les maisons du village et enlevaient tout ce qu'ils pouvaient trouver: pain, viande, bière, légumes, vin, etc. « Il nous faut du vin, disaient-ils à M. Raison, ou *capout*. » — « Comment voulez-vous que je vous en donne, on m'a tout pris » — « Prends garde à toi, si nous en trouvons, *capout* ou en Allemagne. »

Les Allemands cantonnés à Bapaume rançonnaient impitoyablement non-seulement la ville, mais encore les communes environnantes. Tous les jours, ils amenaient des chariots remplis de toutes sortes de provisions; ils prenaient indistinctement les bestiaux du pauvre comme du riche. Ils rentrèrent un jour à Bapaume, poussant devant eux une vache qu'ils avaient enlevée à un habitant de Bancourt. Cet homme aux vêtements tout déchirés, au regard abattu, les suivait en les conjurant de lui rendre cette vache qu'il avait achetée au prix de ses sueurs et qui était la seule ressource de sa nombreuse famille. Ses supplications réitérées ne faisaient qu'irriter ces nouveaux vandales qui lui administraient de temps en temps des coups de plats de sabre pour lui faire garder le silence.

Les ennemis ne se contentèrent pas de piller; ils poussèrent l'insulte jusqu'à forcer, le révolver à la main, plusieurs notables habitants de Bapaume à cirer leurs bottes. Ils eurent aussi l'insolence de faire entrer une vache dans un magasin de nouveautés, de l'abattre, de la dépouiller, malgré les vives protestations du chef de la maison, malgré les larmes et les prières de la femme et des enfants; ils répétèrent, dans un magasin d'épiceries, ce procédé qu'on ne sait comment qualifier. Malheur à quiconque n'aurait pu se résoudre à demeurer témoin passif de ces insultes! il n'y aurait eu pour lui que la cruelle rigueur des cours martiales.

Il suffisait même d'être surpris avec une arme pour être traité en brigand et mis immédiatement à mort : Un charron d'Achiet-le-Grand, nommé Carlier, examinait dans l'école, le 6 janvier, un fusil prussien, lorsqu'il fut aperçu par un officier de hussards. Celui-ci le fit venir près de lui, lui asséna quatre coups de sabre que Carlier s'efforça de parer avec les bras. Il eût été certainement tué s'il n'avait profité, pour prendre la fuite, d'un moment où se cabra le cheval du cavalier. Mais tout n'était pas terminé pour lui. Le soir, l'ennemi vint le chercher et l'emmena à Bihucourt. Le lendemain, il devait être conduit à Bapaume où il aurait été passé par les armes, si MM. Yvain et Capon n'avaient intercédé efficacement en sa faveur. On le renvoya chez lui, mais une forte réquisition fut imposée à la commune d'Achiet.

Ce jour fut encore marqué par un incident qui nous montre combien est parfaite l'organisation de l'armée allemande. Le général von Grœben (1) informé d'un mouvement assez prononcé des Français, crut à une attaque et fit aussitôt sonner la générale. Aux quelques notes d'un clairon triste et mélancolique les soldats furent rassemblés en un instant, sans bruit, sans tumulte et sans désordre. Le général les rangea en bataille en dehors de la ville, un peu au-delà du faubourg d'Arras et de la route d'Avesnes. Mais ce n'était qu'une fausse alerte.

Il arriva par hasard qu'un ecclésiastique, qui revenait de visiter sa famille, traversât alors les lignes prussiennes pour regagner sa paroisse. Il fut arrêté comme espion et menacé d'être traité comme tel. Il ne recouvra sa liberté que grâce à l'intervention de M. Cornet.

Le 10 janvier, les Prussiens célébrèrent la fête de leur empereur. La musique fit entendre sur la place des airs patriotiques et guerriers auxquels répondirent de nombreux hourrahs en l'honneur de ce Guillaume à qui les journaux donnèrent le surnom de *Ravageur*. Ces cris n'étaient pas la manifestation d'un simple enthousiasme officiel, mais l'expression vraie d'un respect profond, d'une affection sans bornes pour leur souverain. C'est en s'appuyant sur ces sentiments que Guillaume a pu battre la France, dont les fausses doctrines avaient énervé la force, gâté les mœurs et détruit le patriotisme. Quand donc voudrons-nous comprendre que les révolutions, qui bouleversent périodiquement le pays, nous menacent tôt ou tard du sort de la Pologne ? Quand donc ferons-nous l'application de cette parole de Tacite ? « Lorsque la discorde est dans une nation, le seul remède est de lui

(1) A la page 136 lisez von Grœben au lieu de Gœben.

donner un bon roi. » Il semble qu'à présent ce roi nous crie comme Philippe de Valois aux portes du château de Labroye : « Ouvrez, c'est la fortune de la France qui est toute prête à vous venir en aide afin de cicatriser vos plaies, de purger le pays de la présence de l'étranger et de reconquérir, par l'entremise de puissantes alliances, vos provinces perdues. » Mais hélas ! la fortune de la France se montre à des yeux qui ne veulent pas voir le salut où il est ; elle frappe des oreilles qui s'obstinent à ne plus entendre la voix de la raison ; il faut le dire avec tristesse, la loi même de notre existence politique et sociale nous échappe.

Pendant ce temps, les troupes françaises ne restaient pas dans l'inaction ; elles faisaient de nombreuses reconnaissances. Voici ce que le général Faidherbe écrit de Boisleux, le 8 janvier, au commissaire de la défense : « L'armée, dont les avant-postes touchent ceux de l'armée prussienne, tue ou prend chaque jour un certain nombre de cavaliers ennemis. Aujourd'hui, cent tirailleurs volontaires du Nord, sous la conduite du capitaine Delaporte, de Lille, et à l'aide de cinq dragons commandés par le maréchal-de-logis Plouvier, ont pris, dans une ferme de Monchy-aux-Bois, 43 uhlans dont 2 officiers et 30 chevaux. »

Mais comment eut lieu ce beau fait d'armes? Prévenus que des uhlans dînaient à l'auberge dite Boiry, située sur la route d'Arras à Monchy, à 500 mètres du village, nos soldats, venant de Ransart, suivirent un ravin, arrivèrent, à la faveur d'une bourrasque de neige en face de ce cabaret et firent feu dans les fenêtres. Comme il n'y avait dans cette maison qu'une seule issue donnant sur la route, les cavaliers ne purent s'échapper ; ils se rendirent après une faible résistance. On leur tua trois hommes et l'officier fut grièvement blessé. A cet acte légal de guerre, l'ennemi répondit par un acte de brigandage.

Le lendemain, à cinq heures du matin, 1,000 fantassins arrivèrent à Monchy. Le commandant fit lever le maire, l'obligea à l'accompagner jusqu'au cabaret Boiry où l'on avait laissé sans sépulture les trois prussiens tués la veille. Chemin faisant, il le menaça de lui brûler la cervelle et de réduire en cendres le village. Après avoir fait mettre le feu à l'auberge, il revint dans la commune, demanda une contribution de 2,000 francs et donna l'ordre d'amener tous les chevaux sur le jeu de paume. Grâce à la courageuse intervention du maire, du curé et de l'instituteur, il se contenta d'une somme de 500 francs et emmena les 56 plus beaux chevaux.

Le 10 janvier, le général Faidherbe se détermina à marcher en avant. La division du brave général Derroja, vint se cantonner autour d'Ervillers. « Le lendemain matin, dit une dépêche adressée au commissaire de la défense nationale, des reconnaissances de cette division ont enlevé par surprise les grand'gardes prussiennes de Béhagnies et de Sapignies. On a tué ou blessé une trentaine d'hommes. Il est resté entre nos mains 59 prisonniers, uhlans et fantassins, et 12 chevaux. De notre côté pas une égratignure. »

A l'approche de l'armée française, les Allemands reçurent l'ordre formel d'évacuer Bapaume. Peut-être le général von Grœben craignait-il de n'être pas en forces pour résister à une attaque ou pensait-il qu'il n'avait plus aucun intérêt à garder cette ville, puisque Péronne venait de se rendre. Vers deux heures les habitants purent circuler librement.

Dès que le bruit se répandit que les Français arrivaient par Favreuil, les jeunes gens se précipitèrent haletant à leur rencontre. Les francs tireurs du 17ᵉ bataillon de chasseurs eurent bientôt mis en fuite une trentaine de cavaliers trop téméraires pour échapper tous à leurs coups ; plusieurs furent tués ou faits prisonniers au faubourg d'Arras, près de la route d'Albert. Le général Derroja fit son entrée à Bapaume à la tête du 17ᵉ bataillon. C'était à qui, le premier, saluerait nos troupes des plus vives acclamations. On était si heureux de revoir nos soldats, de leur presser la main ; on se disputait le plaisir de les loger et de partager avec eux le peu de provisions qu'on avait pu soustraire à l'ennemi.

Peu s'en fallut que nous ne prissions un détachement ennemi qui était venu faire une réquisition de pain et de vin. Informé de l'approche des Français, on ne se hâta pas d'obtempérer à ses ordres ; on avertit même ceux qui devaient fournir cette réquisition de chercher à gagner du temps. Sur ces entrefaites arrivèrent nos soldats qui, apprenant ce qui se passait chez M. Leconte, au faubourg de Péronne, s'y rendirent aussitôt. Mais les Prussiens, prévenus par un de ces misérables que l'on rencontre partout, eurent le temps de s'enfuir.

Le 12 janvier, le général en chef arriva à Bapaume où il fut informé de la reddition de Péronne. Le bombardement de cette ville, prolongé pendant treize jours, avait accumulé ruines sur ruines. L'hospice était détruit, l'église brûlée. Près de 800 maisons étaient égalées au sol, et 600 presque inhabitables. Les souterrains où la majeure partie des habitants avait cherché un asile, étaient devenus des foyers de contagion. Dans ce triste état de choses, la ville de Péronne, ne voyant arriver aucun secours du Nord, se résigna à capituler.

Cette capitulation, à laquelle le général en chef ne paraissait pas devoir s'attendre, motiva cette dépêche qu'il adressa au commissaire de la défense à Lille. Elle est datée d'Arras, où le général Faidherbe était probablement venu dans l'après-midi du 12 janvier :

« A mon arrivée à Bapaume, j'apprends avec stupéfaction que Péronne est entre les mains des Prussiens. Cependant j'avais été informé de la manière la plus certaine que le 3 janvier, par suite de la bataille de Bapaume, le siége avait été levé et l'artillerie assiégeante retirée de devant la place.

« Depuis, j'avais manœuvré en présence de l'armée prussienne sur la foi de renseignements journaliers que le bombardement n'avait pas recommencé. Que s'est-il donc passé ? Si vous l'apprenez, faites-le moi savoir. Il est certain que pendant le bombardement l'artillerie de Péronne avait abimé l'artillerie assiégeante, et que les défenses de cette place étaient restées intactes.

« L. FAIDHERBE. »

Voici les réflexions que fait sur cette dépêche le commandant de la garde nationale de cette ville, dans son ouvrage intitulé : *La vérité sur le siège de Péronne* :

« Le général Faidherbe paraît n'avoir appris la capitulation de Péronne que le 12 janvier. Il faut reconnaître que les nouvelles lui arrivent tard, car des officiers de la garnison de Péronne, prisonniers sur parole, étaient dès le 11 à Bapaume... et le 11 au soir, l'article suivant, écrit par un officer de l'armée du Nord, paraissait dans l'*Ordre* d'Arras :

« Nous recevons la lettre suivante qui est d'un homme con-
« naissant les choses dont il parle ; nous lui laissons par
« conséquent la responsabilité de ses jugements :

PÉRONNE NON SECOURUE :

« Monsieur le Rédacteur,

« Péronne est prise ! c'est un malheur qui pouvait être
« évité.

« En effet, quoique dominée de tous côtés, Péronne pou-
« vait tenir dix jours et peut-être plus ; sa proximité d'Arras
« et des places du Nord en rendait le siége dangereux.

« Et il était si facile à l'armée du Nord de débloquer cette
« ville.

« Au lieu de reculer après Bapaume, ne pouvait-on pas
« avancer sur Péronne ? Pourquoi du moins ne pas le tenter ?
« Rien ne s'y opposait. »

Après avoir montré que Péronne était un point stratégique de la dernière importance, l'auteur de cette lettre termine par ces mots : « Comment ne s'est-on pas aperçu de cela ? Comment n'a-t-on pas agi plus tôt ? »

« Le général Faidherbe dit dans sa dépêche qu'il a appris de la manière la plus certaine, que par suite de la bataille de Bapaume le siége de Péronne a été levé. Or c'est la veille de cette bataille que le bombardement a recommencé pour n'être plus interrompu. Comment a-t-on pu ainsi tromper le général ? »

La dépêche ajoute : « Depuis, j'ai manœuvré en présence de l'armée prussienne sur la foi de renseignements journaliers qui m'annonçaient que le bombardement n'avait pas recommencé. »

« L'artillerie prussienne, nos obusiers et nos deux pièces de marine faisaient un bruit qu'on percevait dans toutes les directions à 6 ou 8 lieues. Il aurait suffi au général de demander si l'on entendait le canon du côté de Péronne, et il n'y a pas un seul habitant d'un seul village, ni un homme de son armée qui ne lui eût répondu affirmativement. »

« Sans doute nos remparts n'avaient pas sensiblement souffert du feu de l'ennemi ; mais ce n'est pas contre nos murailles qu'aurait été employé le matériel de siége (52 pièces) dont le général Barnekow menaçait la ville, etc. L'ennemi aurait continué avec une nouvelle vigueur le bombardement, et en peu de temps la capitulation aurait été absolument inévitable. »

Le général Faidherbe, retournant le 13 janvier d'Arras à son quartier général, envoya au commissaire de la défense cette dépêche datée d'Achiet :

« J'ai décidé que le commandant de place de Péronne se-
« rait traduit devant un conseil de guerre pour rendre compte
« de la reddition de cette place, lorsque les défenses étaient
« intactes et qu'une armée de secours était à cinq ou six
« lieues manœuvrant pour la dégager. »

« Quelles sont donc les manœuvres, demande M. Louis Cadot, faites par M. le général Faidherbe, pour dégager Péronne. Il se retire le 4 autour de Boisleux, où son armée reste six jours.... enfin, le 10, il lui apparait qu'il n'est pas *suffisamment renseigné* sur le sort de Péronne, et il ordonne

un mouvement en avant (*Campagne de l'armée du Nord*, p. 49).
Quoi! c'est au bout de six jours que le général trouve ses renseignements insuffisants.... Il change ses cantonnements; pourquoi?... pour aller aux nouvelles. Est-ce là ce qu'on peut appeler manœuvrer pour dégager Péronne? »

« Certes, tout cela peut faire penser que de graves raisons ont empêché le général de marcher sur Péronne en poursuivant les Prussiens en déroute. Mais si c'est l'erreur où il est si malheureusement tombé, qui l'a seule décidé à rester à Boisleux, au lieu de venir dégager Péronne, il est permis de regretter qu'il n'ait pas simplement reconnu cette erreur, plutôt que de laisser tomber sur la ville et sur ses défenseurs une accusation qui emprunte au nom de son auteur toute sa gravité (1). »

Le général en chef n'était donc pas toujours suffisamment instruit des opérations de l'ennemi; aussi, de retour à Bapaume, il ne put s'empêcher d'en témoigner son vif mécontentement. Plusieurs dragons, ayant fait quelques prisonniers dans une reconnaissance sur Lesars, les amenèrent devant le général, dans l'après-midi. « Donnez-moi des nouvelles certaines, leur dit-il d'un ton sévère, plutôt que vos deux uhlans. »

Le 14 janvier les Allemands vinrent, vers midi, faire à Beaulencourt une forte démonstration; ils avaient avec eux trois canons. S'emparer des maisons contiguës à la route de Péronne, y percer des meurtrières furent l'affaire d'un moment. Ils lancèrent plusieurs obus sur les grands-gardes françaises placées au faubourg de Paris et composées de mobiles. Ce fut un sauve-qui-peut parmi ces troupes si peu aguerries. On battit aussitôt la générale, le clairon fit entendre un son de détresse; les régiments réunis se rangèrent en bataille. Le commandant en chef, suivi de son état-major alla lui-même reconnaître ce qui se passait. Mais les Prussiens

---

(1) *La verité sur le siége de Péronne.*

ne se doutant peut-être pas de la panique produite chez les mobiles par leurs obus, ne tardèrent pas à quitter Beaulencourt.

Cette reconnaissance donna occasion au général von Gœben d'envoyer à Versailles la dépêche suivante :

« Amiens, 14 janvier 1871.

« Le colonel von Wittich a repoussé, ce soir, l'ennemi sur Bapaume, canonné cette ville qu'il a incendiée, et ne s'est retiré que faiblement poursuivi. »

Ce télégramme est complétement faux. A part les quelques obus qui tombèrent au faubourg de Paris éloigné de la ville d'environ deux kilomètres, personne ne s'est aperçu que Bapaume eut été canonnée et encore moins incendiée par le colonel des hussards von Wittich.

Le général von Barnekow rectifia lui-même ce télégramme en donnant, pour la 16° division, l'ordre suivant qui est encore exagéré.

Le détachement du colonel von Wittich, en s'avançant jusqu'à Bapaume, a trouvé cette ville, ainsi que les localités sur la route d'Albert, fortement occupées par l'ennemi. Après avoir mis celui-ci en alerte et canonné Bapaume, il s'est replié, faiblement poursuivi, sans avoir éprouvé aucune perte.

Von BARNEKOW.

Ce même jour, l'avant garde de l'armée française s'était portée en avant de Bapaume à Albert, où elle était entrée sans coup férir, la 1re armée allemande se repliant devant elle (1). Le lendemain 15, nos troupes, après avoir établi leurs cantonnements dans les environs d'Albert, poussèrent des reconnaissances jusqu'à Bray, Hailly et Bouzincourt. L'ennemi avait fait sauter les ponts jetés sur la Somme, barricadé et retranché les villages de la rive gauche.

(1) Télégramme du général Faidherbe.

La division du général Robin avait fait aussi son mouvement en avant et était entrée à Bapaume le 14. Ce général avait donné à un de ses régiments l'ordre d'aller habiter la caserne. Quelle ne fut pas la surprise de l'officier préposé au logement, en voyant le drapeau blanc flotter à plusieurs fenêtres et toutes les salles remplies de blessés et de varioleux ! Il vint aussitôt en informer son colonel qui fit stationner le régiment dans la rue d'Arras, en attendant qu'il trouvât un autre endroit plus salubre pour ses soldats. Le général Robin vint alors à passer : « Comment ! vous n'êtes pas à la caserne ? » demanda-t-il en lançant une expression qui n'était guère parlementaire. Le colonel s'approcha et lui représenta respectueusement que la caserne étant transformée en ambulance, et toutes les salles regorgeant de malades et de blessés, il était impossible d'y habiter. « Pourquoi n'avez-vous pas jeté par les fenêtres tous ces estropiés et tous ces pestiférés ? Que n'avez-vous déchiré tous ces oripeaux de toile pendus aux fenêtres ? » Après avoir dit ces paroles il passa outre. L'exaspération des mobilisés était à son comble. « On ne se contente pas, disaient-ils, de nous laisser mal nourris, mal vêtus, mal armés ; on veut encore nous envoyer coucher dans un foyer de contagion. Comment peut-on abuser ainsi de son autorité ? Qu'on nous donne comme logement des granges et des écuries, nous nous en contenterons ? » Ces vœux si légitimes furent accueillis. Les mobilisés furent disséminés chez les habitants, y demeurèrent le 15 et le 16, s'occupant à faire dans la ville des barricades et à créneler plusieurs maisons ; ils s'en allèrent rejoindre, le 17, le gros de l'armée qui se dirigeait vers Saint-Quentin. Après leur départ, les bourgeois se hâtèrent de faire disparaître ces barricades qui entravaient la circulation.

Le général en chef informé par un télégramme de Bordeaux que Paris allait tenter un suprême effort, crut que le moment était venu d'attirer sur lui le plus de forces possibles de la capitale, et qu'il ferait une plus utile diversion en se rendant vers Saint-Quentin où il menacerait tout à la fois la

Fère, Chauny, Noyon et Compiègne. Mais le général Faidherbe oublia que l'ennemi, maître des chemins de fer qui passaient dans Saint-Quentin, pouvait amener à chaque instant de nombreux renforts de Rouen, d'Amiens, de Ham, de Laon, de Beauvais, de Paris, et écraser sa brave petite armée avant qu'elle ait le temps de se mettre sous la protection des places fortes du Nord. C'est ce qui arriva malheureusement.

Le 16, l'armée quitta Albert pour aller à Fins, à Sailly et à Combles. Il faisait un verglas si affreux qu'on pouvait à peine marcher. Aussi les troupes arrivèrent-elles très-tard dans leurs cantonnements et toutes harassées de fatigue. Le lendemain, elles se dirigèrent vers Vermand. Il n'est pas de notre sujet de parler du combat de Vermand, qui fut suivi de la sanglante bataille de Saint-Quentin (19 janvier) et où nos soldats luttèrent avec le plus grand courage (1).

A la nuit tombante, épuisée par une journée entière de lutte succédant à trois journées de marches forcées par des chemins affreux et par un temps épouvantable, l'armée du Nord commença à faiblir devant un ennemi dont le nombre grossissait à chaque instant. Le général en chef ordonna la retraite qui se fit d'abord dans le plus grand ordre. Mais bientôt, les batteries prussiennes couronnant les crêtes qui dominaient les positions françaises tirèrent avec un redoublement de fureur. Nos troupes accélérèrent d'abord leur marche, puis elles prirent le pas de course pour aller se reformer plus loin, non sans éprouver des pertes sensibles. Saint-Quentin fut traversée sous le feu des Prussiens qui lançaient des obus sur la ville. Ils ne tardèrent même pas à y entrer, et firent prisonniers tous les soldats débandés, perdus, et

(1) Un détachement de 99 hommes du 33ᵉ de ligne, envoyé du dépôt sous la conduite du sous-lieutenant de Rocquigny, eut l'honneur de prendre part au péril de cette journée avant d'avoir rejoint le bataillon. Il fit bonne contenance à droite de la route de Rouzy, dans le poste de combat qui lui avait été assigné dans une brigade de mobilisés. (*Extrait du journal du 33ᵉ de ligne*).

quelques compagnies qui se trouvèrent cernées. La nuit ralentit la poursuite de l'ennemi, et l'armée française put se retirer sur Cambrai et sur le Cateau sans être trop inquiétée. Grâce aux traînards et aux éclopés qu'ils ramassèrent sur les routes, le 20 et le 21, les Allemands durent avoir entre leurs mains, selon l'aveu de l'auteur de la *Campagne de l'armée du Nord*, plus de 6,000 prisonniers, la plupart mobiles et mobilisés ; mais la moitié se sauva et rejoignit les corps au bout de quelques jours.

Après avoir poursuivi l'armée française, le lendemain de la bataille, le général von Gœben, qui avait son quartier général à Caudry, près de Cambrai, donna le 21, l'ordre suivant :

ORDRE POUR L'ARMÉE.

« Le général von Kummer, avec la 15e division et la portion qui est sous les ordres de l'artillerie du corps, se portera demain dans la contrée d'Achiet, Bapaume, Beugny, Beaumetz et s'y établira avec des détachements d'observation vers Cambrai et Arras. Le général von Kummer dans son rayon aura le commandement sur les troupes de toutes armes. Au cas peu probable *où il serait pressé* par l'ennemi, il se retirerait sur Amiens.

« Le général comte Grœben restera devant Cambrai dans la contrée de Marcoing, Masnières, se tiendra en communication avec les généraux von Kummer et von Barnekow, et observera l'ennemi.

« Si celui-ci le pressait, retraite sur Péronne.

« Signé : Von Gœben. »

En indiquant ces lignes de retraite vers Amiens et Péronne, dans le cas où ses généraux seraient serrés de près par l'armée du Nord, le commandant en chef von Gœben avouait implicitement qu'il devait encore sérieusement compter avec elle.

Conformément à cet ordre, la 15ᵉ division, sous la conduite du général von Kummer, se porta dans la région de Bapaume. Le général von Komorn occupa la ville, le 22 janvier. Ce malheureux pays fut de nouveau isolé de la France.

Les Allemands ne voulant plus laisser surprendre leurs avant-postes, comme ils l'avaient été le 11, poussèrent leurs précautions jusqu'aux dernières limites, tant à l'égard des troupes françaises qu'envers les populations. Ils élevèrent de nombreuses barricades à Béhagnies, à Favreuil et à Achiet où ils enlevèrent les rails du chemin de fer; ils firent des tranchées sur toutes les routes qui conduisent à ces villages.

Les consignes les plus rigoureuses arrêtaient ou détournaient toute circulation. C'est à peine si l'ennemi permettait à MM. les curés de se rendre dans leurs annexes pour y exercer leur saint ministère; il les y conduisait et les en ramenait entre deux baïonnettes.

S'il était si soupçonneux envers les habitants, à plus forte raison l'était-il à l'égard des étrangers. Deux honorables citoyens d'Arras faillirent être la victime de la défiance prussienne. Par un dévouement que nous ne saurions trop louer, ils étaient partis de cette ville, le 22 janvier, pour s'informer de ce qui était advenu au capitaine Dupuich de la batterie des mobiles du Pas-de-Calais. Arrivés à Béhagnies, ils tombèrent dans les lignes prussiennes. Arrêtés sur-le-champ, on les conduisit au commandant qui les fit diriger entre quatre soldats à Bapaume. Enfin s'efforcèrent-ils d'éclairer le général, devant lequel ils comparurent, sur le but et l'objet de leur voyage. « Vous êtes des soldats français venus ici pour espionner, leur dit cet officier supérieur, eh bien! vous serez traités en conséquence. Que la cour martiale instruise immédiatement leur cause. » Atterrés par ces paroles foudroyantes, ils sont menés au corps-de-garde de l'hôtel de ville, mis au secret pendant dix heures et laissés sans feu malgré l'intensité du froid. Afin de trouver des preuves de culpabilité, on les dépouille de leurs derniers vêtements ; l'un d'eux est laissé quinze minutes dans ce triste état. Après leur avoir fait subir un des interrogatoires les plus rigoureux, on leur donne la ville pour prison sous la garantie d'une caution de 2,000 fr. et avec obligation de se présenter à l'appel trois fois le jour. Ils ne recouvrèrent leur liberté qu'à l'armistice.

La troisième occupation allemande épuisa complétement Bapaume et les environs. On observait à la lettre cette prescription du prince Albert de Prusse : « Je fais remarquer de nouveau que la nourriture des hommes et des chevaux doit être fournie en première ligne par les communes où ils sont cantonnés, surtout la viande, l'avoine et le pain. »

Nous connaissons plusieurs fermiers qui n'avaient plus un seul grain de blé et d'avoine, une seule botte de paille ou de blé. Les châteaux ne furent pas épargnés. A Havrincourt, les Prussiens entrèrent à cheval chez M. d'Havrincourt, le menacèrent de leur révolver, et emportèrent tout son champagne, 150 bouteilles et trois pièces de vin ordinaire. A Louverval, ils firent descendre à la cave M. de Coupigny accompagné de deux soldats, baïonnette au fusil ; ils enlevèrent le champagne et quelques centaines de bouteilles, menaçant de mettre le feu, si le vin n'était pas bon (1). Les chateaux de Villers-au-Flos, d'Haplincourt, de Favreuil furent aussi complétement dévalisés. En un mot, guerre et pillage étaient des termes synonymes pour ces descendants des Teutons.

Ce système de réquisitions nourrissait l'armée, mais ne versait pas d'argent dans son trésor. Les Allemands eurent recours aux contributions de guerre. « Je prie votre excellence, écrivait von Gœben à Barnekow, de lever aujourd'hui et demain des contributions dans les districts occupés par vos troupes. Je vous assigne les cantons de Clary et du Catelet On peut prendre pour règle 25 francs par tête ; mais il ne sera pas toujours possible d'obtenir un taux aussi élevé. »

(1) Le journal le *Pas-de-Calais*.

« Il *faut* envoyer en arrière et au besoin emporter tout ce qu'on peut d'avoine. Il *faut* remplacer les chevaux que nous avons perdus et échanger ceux qui sont devenus impropres au service. Il est utile d'emmener beaucoup de bêtes à cornes.

« Caudry, 22 janvier 1871.

« Von Goeben. »

Ce que le général en chef ordonnait à Barnekow, il le prescrivait aussi à von Kummer; les Allemands sont trop méthodiques pour user de mesures différentes. Aussi une contribution de 100,000 fr. fut-elle imposée le lendemain aux communes du canton de Bertincourt. On ne put recueillir que 45,000 fr. L'ennemi emmena à Bapaume comme garantie de ce qui restait à payer trois otages, le juge-de-paix M. Harlez avec son greffier M. Crampon, et M. Vincent, notaire. A cette nouvelle, MM. d'Havrincourt, de Goer et Bancourt se transportèrent à Bapaume pour demander au général prussien la liberté des otages et un délai pour le paiement. Celui-ci les reçut avec un sans-gêne tout germanique. Leurs démarches n'allaient aboutir à aucun résultat lorsque M. d'Havrincourt dit à von Komorn : « Votre empereur me recevait mieux lorsque... — Vous connaissez l'empereur? interrompit le général. — Oui, certainement, comme chambellan, j'ai eu l'honneur de le conduire à l'Exposition universelle, et je suis décoré de l'Aigle-Rouge... » Ces paroles suffirent. Le général prussien se confondit en excuses et consentit à tout ce que M. d'Havrincourt demandait. Les otages furent rendus à la liberté et le reste des 100,000 francs fut payé à Amiens.

A peine les otages de Bertincourt étaient-ils partis de Bapaume que ceux de Croisilles arrivèrent. Ce canton avait été aussi condamné à payer 100,000 francs. Voici l'ordre que fit afficher dans toutes les communes le général Strubberg.

« Par le présent, le canton de Croisilles reçoit l'ordre de payer dans les vingt-quatre heures une contribution de guerre de 100,000 francs. En cas de refus, cinq notables du canton seront emmenés prisonniers, internés ou envoyés en Allemagne aussi longtemps qu'on aura effectué le payement de la contribution.

« La contribution doit être payée non-seulement par le chef-lieu, mais encore par toutes les autres communes du canton. La répartition doit être faite par les autorités françaises.

« Par ordre du général commandant la 15ᵉ division d'infanterie prussienne,

« Le général commandant la 30ᵉ brigade,

DE STRUBBERG. »

Le maire de Croisilles, ayant réuni immédiatement ses collègues du canton, ne put satisfaire aux exigences de l'ennemi qui emmena comme otages : MM. Carlier, notaire, Milon et Pontrain, de Croisilles ; Dubois, de Saint-Leger, et Vaillant, d'Hénin-sur-Cojeuil. Ce dernier dût suivre l'ennemi en sabots, à jeûn et sans argent. Après être restés deux jours à Bapaume au poste de l'Hôtel-de-Ville, les otages furent dirigés sur Amiens le 29 juin. Sur les instances de M. Lenglet, préfet du Pas-de-Calais, la contribution de guerre a été enfin réduite à 35,000 fr. qui ont été payés à Amiens pendant l'armistice.

Un grand nombre de communes du canton de Marquion n'échappèrent pas aux réquisitions et aux contributions de guerre ; Sains-lez-Marquion, Sauchy-Cauchy, Sauchy-Lestrée, Palluel, Marquion, Inchy, Lagnicourt et Oisy surtout furent victimes des déprédations prussiennes. MM. Moreau, Facon et Billoir, qui ont été enlevés comme otages, peuvent dire tout ce qu'ils ont souffert dans la citadelle d'Amiens.

L'ennemi n'épargna pas davantage le canton de Beaumetz-lez-Loges. Les dernières réquisitions qu'il fit à Adinfer, à Boiry-

Sainte-Rictrude, etc, le 27 jauvier, furent un véritable pillage.

Le bourg important de Bucquoy et un grand nombre de communes du canton de Pas eurent aussi à subir les réquisitions des Prussiens. Si nous ne craignions point de sortir du cadre que nous nous sommes tracé, nous pourrions citer les villages de Puisieux, d'Hébuterne, d'Hanescamps, de Foncquevillers, etc., où trop souvent ils sont venus exercer leurs rapines. Qu'il nous soit permis du moins de rapporter ce qui est arrivé à Pas, le 30 ou le 31 janvier 1871. Les Allemands envoyèrent un détachement composé d'infanterie et de cavalerie, pour demander au canton une contribution de 100,000 fr. Le conseil municipal de Pas se réunit aussitôt et demanda jusqu'au lendemain à huit heures pour avoir l'avis des maires du canton. Ceux-ci, ayant nettement refusé, furent retenus captifs dans la salle de la mairie. A six heures du matin, l'ennemi prit pour otages MM. Tholomé-Mallard, Lebas et Varennes et les conduisirent d'abord à Doullens et ensuite à la citadelle d'Amiens, où ils furent détenus comme prisonniers jusqu'au dimanche 5 février, sans pouvoir correspondre avec qui que ce fut. Couchés sur la paille, comme des malfaiteurs, ils furent traités avec une dureté inouïe. On les empêchait même d'ouvrir leurs croisées pour renouveler l'air.

La seule explication que l'on puisse donner à tous ces mauvais traitements, à toutes ces exactions inconnues des peuples civilisés, c'est de rappeler la réponse d'un officier supérieur à quelques habitants de Bapaume qui lui faisaient certaines observations sur la tyrannie et le vandalisme des Allemands : « Nous voulons humilier profondément l'orgueil français ; nous voulons sucer jusqu'au sang de la France, afin que, pendant trente ans, elle soit non-seulement pauvre, mais anémique.

ÉTAT OFFICIEL

INDIQUANT LES CONTRIBUTIONS DE GUERRE, LES RÉQUISITIONS, SOIT EN ARGENT, SOIT EN NATURE, LES AMENDES ET LES DOMMAGES MATÉRIELS SUBIS PENDANT L'INVASION.

NOMS DES COMMUNES.	MONTANT des impôts, contributions, et amendes payées ne donnant droit qu'à un dédommagement.	MONTANT des réquisitions en nature justifiées.	DÉPENSES relatives au logement et à la nourriture des troupes.	MONTANT des dommages résultant de vols, d'incendies, de faits de guerre, de l'occupation des troupes, etc.	TOTAL général.
Canton de BAPAUME					
Achiet-le-Grand......	»	21,633	20,076	25,261	66,970
Achiet-le-Petit.......	»	7,330	11,927	1,762	21,019
Avesnes-lez-Bapaume..	»	2,000	1,331	5,321	8,652
Bancourt.............	»	7,792	12,608	3,821	24,221
Bapaume.............	»	36,063	48,573	247,859	332,495
Beaulencourt.........	»	7,705	2,591	5,641	15,937
Béhagnies............	»	6,347	3,440	3,423	13,210
Beugnâtre...........	»	11,107	4,837	22,648	38,592
Biefvillers-lez-Bapaume	»	3,535	»	8,154	11,689
Bihucourt............	»	9,720	20,706	8,658	39,084
Favreuil..............	»	6,996	8,719	23,414	39,129
Frémicourt...........	»	15,180	2,666	35,444	54,290
Grévillers............	»	8,789	»	6,641	15,430
Le Sars..............	»	15,257	13,685	17,111	46,053
Le Transloy..........	»	35,900	18,018	18,495	72,413

Morval	»	7,510	6,519	2,262	16,291
Riencourt-lez-Bapaume	»	3,864	4,906	3,381	12,161
Sarignies	»	13,770	10,342	17,510	44,622
Vilers-au-Flos	»	7,727	2,751	10,417	20,595
Warlencourt-Eaucourt	»	6,036	2,854	1,361	10,251
Totaux		226,489	223,658	486,057	976,204

Canton de BERTINCOURT

Barastre	5,645	4,763	»	689	41,097
Beaumetz-lez-Cambrai	8,976	6,181	»	»	15,157
Bertincourt	10,656	6,883	10,053	1,481	29,073
Beugny	5,253	23,263	15,221	1,267	45,004
Bus	2,263	7,305	1,287	3,141	13,998
Haplincourt	3,495	7,994	702	8,065	20,256
Havrincourt	7,229	14,135	»	9,032	30,396
Hermies	16,200	9,827	»	1,452	27,479
Le Bucquière	4,583	2,378	109	1,476	8,546
Lechelle	1,408	3,668	1,984	2,976	10,028
Metz-en-Couture	10,553	4,149	108	355	45,165
Morchies	3,346	2,131	»	80	5,557
Neuville-Bourjonval	3,735	5,656	»	»	9,391
Rocquigny	5,649	5,505	12,299	10,069	33,522
Ruyaulcourt	6,020	2,890	6	1,006	9,922
Trescault	3,869	900	»	856	5,628
Vélu	2,252	1,024	»	466	3,742
Totaux	101,124	108,652	41,771	42,414	293,961

NOMS DES COMMUNES.	MONTANT des impôts, contributions, et amendes payées ne donnant droit qu'à un dédommagement.	MONTANT des réquisitions en nature justifiées.	DÉPENSES relatives au logement et à la nourriture des troupes.	MONTANT des dommages résultant de vols, d'incendies, de faits de guerre, de l'occupation des troupes, etc.	TOTAL général.
CANTON DE CROISILLES					
Ablainzevelle........	800	12,141	13,705	5,889	32,523
Ayette...............	1,000	6,455	24,881	5,638	37,974
Boiry-Becquerelle....	1,282	1,125	»	815	3,222
Boisleux-au-Mont.....	1,652	2,270	»	1,011	4,933
Boisleux-St-Marc.....	805	»	»	»	805
Boyelles.............	»	15,009	244	6,227	21,480
Bucquoy.............	500	19,722	54,693	13,600	88,515
Bullecourt...........	1,647	2,428	»	412	4,487
Chérisy..............	1,184	»	»	34	1,218
Courcelles-le-Comte..	2,033	28,085	15,949	7,599	53,666
Croisilles............	3,916	9,752	»	2,951	16,619
Douchy-lez-Ayette....	841	3,195	12,561	3,839	20,436
Ecoust-St-Mein.......	1,701	5,426	100	»	7,227
Ervillers.............	1,340	5,342	1,175	»	11,228
Fontaine-lez-Croisilles	1,115	940	»	1,053	3,108
Gomiecourt..........	759	10,629	9,746	7,089	28,223
Guémappe...........	400	»	»	7,089	400

Hénin-sur-Cojeul	1,554	»	»	»	1,554
Mory	»	4,358	2,094	6,049	12,501
Moyenneville	1,600	3,638	136	1,963	7,337
Noreuil	1,275	»	4,259	89	5,623
St-Léger	2,056	3,183	»	1,753	6,992
St-Martin-sur-Cojeul	815	»	»	»	815
Vaulx-Vraucourt	3,909	11,437	4,017	11,492	30,855
Wancourt	1,344	»	»	»	1,344
Totaux	35,606	151,251	139,301	83,396	409,554

Canton de Marquion

Baralle	»	250	»	»	250
Graincourt-les-Havrincourt	»	1,057	»	»	1,057
Inchy	1,275	2,840	»	358	4,473
Lagnicourt	»	5,088	»	»	5,088
Marquion	1,000	6,286	4,074	2,854	14,214
Oisy	15,000	»	»	1,136	16,136
Palluel	1,000	»	»	»	1,000
Pronville	»	5,011	27	457	5,495
Quéant	»	4,082	250	819	5,151
Sains-lez-Marquion	2,000	5,284	»	492	7,776
Sauchy-Cauchy	4,000	»	»	89	4,089
Sauchy-Lestrée	500	1,560	»	132	2,192
Totaux	24,775	31,458	4,351	6,337	66,921

NOMS DES COMMUNES.	MONTANT des impôts, contributions, et amendes payées ne donnant droit qu'à un dédommagement.	MONTANT des réquisitions en nature justifiées.	DÉPENSES relatives au logement et à la nourriture des troupes.	MONTANT des dommages résultant de vols, d'incendies, de faits de guerre, de l'occupation des troupes, etc.	TOTAL général.
CANTON DE PAS					
Amplier	»	»	»	»	»
Bienvillers-au-Bois	»	10,733	1,116	4,237	16,086
Foncquevillers	»	11,317	»	977	12,294
Gommecourt	»	4,111	»	1,100	5,211
Hannescamps	»	11,897	18,473	6,899	37,269
Hébuterne	»	3,451	1,867	147	5,465
Pas	»	4,048	5,389	198	9,635
Pommier	»	4,329	210	1,881	6,420
Puisieux	»	14,133	17,007	5,230	36,370
Sailly-au-Bois	»	1,402	741	»	2,143
Souastre	»	»	20	2,652	2,682
Warlincourt-lez-Pas	»	»	200	719	919
TOTAUX	»	65,421	45,023	24,460	134,904

Tous ces totaux relatifs à chaque canton ont été arrêtés par les Membres de la Commission départementale le 27 avril 1872.

L'armée prussienne, qui occupait Bapaume, était composée en grande partie de protestants. Le ministre fit signifier, le soir, au sacristain qu'il officierait le lendemain à neuf heures dans l'église de Bapaume. Aussitôt qu'il en fut informé, M. le doyen rédigea une protestation qui commençait par ces mots : « J'apprends par mon sacristain que le ministre évangélique doit officier dans mon église, etc. » Le lendemain 25, à sept heures du matin, il se présenta chez le général von Komorn pour la lui présenter. L'aide-de-camp, soupçonnant le motif de cette visite, dit d'un ton un peu aigre à M. Cornet : « Vous venez sans doute réclamer contre la cérémonie évangélique qui doit avoir lieu à neuf heures ; vous avez beau faire ; plus d'un évêque a protesté ; leurs protestations n'ont servi à rien ; du reste, cette affaire n'est pas de la compétence du général, elle ressort du major de la place. Voilà une ordonnance qui va vous conduire chez cet officier supérieur. » Soit que cette ordonnance ait reçu la mission secrète de gagner du temps, soit qu'elle ait agi par ignorance, elle ne parvint pas à trouver le logement du major. M. le doyen, fatigué de battre inutilement le pavé, congédia le soldat qui l'accompagnait, et se rendit chez M. Théry où logeait un officier d'un grade assez élevé. Peut-être, disait-il, est-ce le major de la place ? Il ne se trompait pas. A peine cet officier eut-il lu les premières lignes de sa protestation qu'il lui dit : « Vous prétendez que vous avez appris par votre sacristain ......; mais le ministre évangélique a dû vous voir, vous rendre visite dans cette circonstance ? — Non, monsieur le Major ; M. le ministre prend mon église sans m'en prévenir autrement que par le sacristain ; assurément c'est d'une politesse peu équivoque. — C'est malhonnête, reprit le major, et vous ne voulez pas que le ministre évangélique officie dans votre église ? — Non ! — Eh bien, il n'officiera pas. Allez lui dire que je le lui défends. — Mais, M. le major, si vous me donniez un ordre par écrit, je le lui porterais — Vous avez raison, répliqua-t-il. » — M. Cornet alla lui-même remettre cet ordre au ministre qui, après en avoir pris connaissance, s'écria : « Je reconnais bien là M. le doyen de Bapaume, je sais qu'il n'aime pas la Prusse.... nous verrons. » Il continuait à insulter M. Cornet lorsque celui-ci lui dit avec un admirable sang-froid : « M. le doyen de Bapaume, c'est moi !... » A ces mots le ministre tout confus se récria sur l'impossibilité de contremander sa cérémonie. — « Il ne m'appartient pas, répondit M. Cornet, d'entrer en discussion avec vous à ce sujet ; vous avez reçu une défense ; vous l'exécuterez ou vous ne l'exécuterez pas ; ce n'est pas mon affaire, c'est exclusivement la vôtre. Je n'ai qu'un seul souci, celui de vous interdire, selon les ordres de vos chefs, l'entrée de mon église. » Telles sont les dernières paroles qui terminèrent ce pénible entretien. M. le ministre n'officia pas dans l'église de Bapaume, mais il se rendit à la chapelle des religieuses Augustines où s'accomplit la cérémonie évangélique.

Le 27, toute la grosse artillerie qui avait assiégé Péronne passa à Bapaume. « Où allez-vous, demandait-on aux artilleurs ? — Nous allons assiéger Arras. » — Ils se dirigèrent en effet sur Sapignies ; mais arrivés à ce village, ils se portèrent sur Albert. Le lendemain 28, toute l'armée prussienne quitta Bapaume et les villages environnants pour se retirer dans la Somme. C'était peut-être cette armée qui allait assiéger Abbeville tandis qu'une autre menacerait Arras.

Il était temps que les Prussiens quittassent la contrée de Bapaume. Elle était complétement épuisée. Plus de blé, plus de sucre, plus de café, plus de charbon, plus de fourrages, plus d'avoine. Le sel se vendait jusqu'à cinquante centimes le demi-kilo. Encore n'en trouvait-on plus !

La misère et la détresse se dressaient menaçantes pour le riche comme pour le pauvre. Aussi avec quel bonheur on apprit que l'armistice avait été signé dans la nuit du 28 au 29.

L'armistice était nécessairement la paix. Continuer la lutte dans les circonstances déplorables où nous nous trouvions, c'était vouloir que les Allemands continuassent à promener le fer et le feu dans toute la France. Certains utopistes prétendaient bien que l'on pouvait opposer aux sept cent mille soldats de l'empereur Guillaume des poitrines et encore des poitrines jusqu'à 38,000,000. Mais ces poitrines n'auraient pas tenu plus devant l'artillerie prussienne que les remparts de pierre de Strasbourg, de Verdun et de Phalsbourg. Nous manquions de chevaux, de canons, de chassepots, de munitions et même de soldats ; car il ne suffit pas de porter un uniforme et un numéro matricule pour mériter ce nom. Un soldat n'est vraiment soldat que lorsqu'il a reçu une bonne instruction militaire et qu'il a vécu quelque temps sous la discipline.

L'armistice ne devait malheureusement avoir son effet qu'à partir du 31 janvier à midi. Les Prussiens profitèrent de ce délai pour lever des contributions de guerre sur les pays qu'ils occupaient. Le 29 janvier, ils exigèrent du canton d'Albert 100,000 francs et de celui de Combles la même somme.

M. Pajot, maire de Bapaume, informé de ces exactions, craignit avec raison que s'il n'y avait pas de soldats français dans la ville, l'ennemi n'y revînt bientôt et n'imposât aussi une forte contribution. Il demanda instamment aux autorités d'Arras et de Cambrai de lui envoyer quelques compagnies. Il lui fut répondu que, d'après l'armistice, on ne pouvait faire aucun déplacement de troupes, et que par conséquent on n'avait rien à redouter du retour des Allemands.

Cette réponse n'était guère de nature à calmer les appréhensions de M. Pajot, qui avait vu de trop près les Prussiens pour n'être pas persuadé qu'ils tenteraient de venir rançonner le canton de Bapaume avant que l'armistice ne fut en vigueur. L'ordre suivant du général von Gœben prouve que M. le maire ne se trompait pas.

Amiens, le 30 janvier 1871.

D'après les conditions de l'armistice, les départements du Pas-de-Calais et du Nord sont exclus de l'occupation allemande, et en général il est convenu que les avant-postes resteront au moins à dix kilomètres de la ligne de démarcation. En conséquence, la marche en avant commandée pour demain sera arrêtée en partie, et même un certain nombre d'endroits occupés par nous devront être abandonnés. *Il n'y a pourtant pas lieu d'avoir égard à cette limitation, jusqu'à ce que le général Faidherbe ait fait évacuer Abbeville et tout le département de la Somme.* En tout cas, à partir de demain 31, à midi, il faut éviter les rencontres avec l'ennemi et faire savoir aux détachements ennemis qu'on négocie avec Faidherbe.

Signé : Von GOEBEN.

Les mots en italique de cet ordre indiquent bien évidemment que le général en chef de l'armée allemande n'empêcherait pas ses soldats de se rendre dans les communes non occupées du Pas-de-Calais pour y lever des impôts de guerre. Sur ces entrefaites arriva fort heureusement à Bapaume le baron de Cantillon, officier d'état-major du général Lecointe, envoyé en mission à Amiens, avec une escorte de sept dragons. M. Pajot alla immédiatement le trouver pour le prier de laisser à Bapaume quelques-uns de ses hommes, afin que si les Prussiens avaient l'intention d'y venir, ils vissent les Français en possession de la ville. Je veux bien vous en laisser trois, répondit cet officier supérieur, mais à la condition que vous me donnerez une voiture pour me conduire à Amiens. La voiture put être trouvée.

M. Pajot fit établir à l'Hôtel-de-Ville un poste composé de trois dragons. Il était grand temps; car les Prussiens avaient quitté Flers et Longueval pour se rendre à Bapaume Mais à la vue des dragons, ils retournèrent sur leurs pas, en disant : « Bapaume occupé, Bapaume occupé par l'armée française. »

Grâce à la sollicitude prévoyante de M. Pajot, le canton de Bapaume échappa ainsi à la contribution de guerre que l'ennemi n'aurait pas manqué de lui imposer, s'il avait pu rentrer dans la ville. Dès lors on n'y vit plus d'Allemands, si ce n'est quelques préposés aux ambulances ; Bapaume était compris dans la zône de neutralité établie entre les deux armées.

CHAPITRE VII.

Dévastation du pays. — Pour comble de maux, hiver rigoureux. — L'Assemblée nationale vote la paix. — Charité de Mgr Lequette pour les victimes de la guerre. — Les nations étrangères viennent aussi à leurs secours. — Commission établie à Arras pour la répartition des graines dans les divers cantons. — MM. les instituteurs. — Les terres ensemencées. — Le chemin de fer de Bapaume à Achiet. — Monument funéraire. — Anniversaire de la bataille. — Aspect de la ville. — Arrivée des autorités civiles et militaires. — Le cortége se rend au presbytère où se trouvait Monseigneur. — Église tendue de deuil et décorée de trophées militaires. — La messe. — Discours de M. le doyen. — Après l'absoute, le cortége se rend au cimetière. — Discours de Monseigneur Lequette. — Bénédiction du monument. — Discours de M. le Préfet du Pas-de-Calais. — Quelques paroles de M. le Maire. — Discours de M. Lenglet. — Impression de la cérémonie. — Monument commémoratif de la bataille. — Appendice à l'histoire de Bapaume. — Bénédiction du chemin de fer. — Discours de Mgr. Lequette.

Le pays dévasté, couvert de ruines, inondé du sang français stérilement versé pour l'expulsion de l'ennemi, tel avait été le résultat de la chute de Metz. Aux maux amenés par l'invasion ajoutez un hiver rigoureux, qui fit périr tous les blés semés, et le typhus contagieux des bêtes à cornes, et vous aurez une idée des malheurs sous lesquels gémissaient nos populations lors que se réunit l'Assemblée nationale. Mise dans la cruelle nécessité de passer sous les fourches caudines de la Prusse ou d'attirer la désolation et le pillage sur les provinces non encore envahies, elle vota la paix. Cette paix si dure, si douloureuse, si humiliante qu'elle fut, permit du moins de panser les plaies, de cicatriser les blessures. Des souscriptions s'ouvrirent dans les grands journaux pour venir en aide aux pays ravagés. Les dons particuliers ne firent pas défaut. Mgr Lequette, dont la charité est inépuisable, distribua environ cinq mille francs aux victimes de la guerre dans le canton de Bapaume.

Nos malheurs émurent aussi les nations étrangères. Des sociétés se formèrent en Angleterre, en Belgique, en Hollande, en Danemark, en Espagne, aux États-Unis, etc., pour secourir tant de détresse. Une commission fut nommée à Arras pour se mettre en rapport avec ces sociétés et répartir les graines qu'elles enverraient. Un extrait des rapports de M. Cavrois-Lantoine, secrétaire de cette commission, nous fait connaitre les généreuses offrandes que le pays reçut dans ces circonstances exceptionnellement déplorables,

« Pendant que le 1er mars 1871, la Commission, sous la présidence de M. Deusy, maire d'Arras et originaire de Bapaume, travaillait à la juste répartition des secours entre les divers cantons, arrivèrent à Arras les délégués de la Société anglaise, à la tête desquels se trouvait le général sir Vincent Eyre. Nous eûmes l'honneur d'accompagner M. le président de la commission mixte dans la visite qu'il leur fit et de plaider près d'eux la cause de nos malheureux cultivateurs. Séance tenante, M. le général Eyre, appréciant toute l'étendue du désastre, voulut bien nous confier la distribution de 500 sacs de froment qu'il fit immédiatement venir de Boulogne, et qui sont aujourd'hui à la gare d'Arras. La répartition de ce convoi de semences a fait l'objet d'une séance de la commission, qui a attribué ainsi les sacs de blé de mars dont elle dispose :

> 275 au canton de Bapaume.
> 96 au canton de Croisilles.
> 45 au canton de Beaumetz-lez-Loges.
> 44 au canton de Bertincourt.
> 40 au canton de Pas.

« Cette séance a été honorée de la présence de deux délégués de la Société anglaise, M. Sartoris et M. le colonel Berington. Ces messieurs nous ont exprimé leur désir de ne faire participer à ce premier envoi de semences que les propriétaires de moins de 16 hectares, et ils nous ont promis en même temps un second convoi qui va nous être expédié de Dunkerque, comprenant les graines suivantes :

> 1,428 sacs d'avoine.
> 292 sacs de blé. Ce blé (il est important de le faire observer), qui est d'une qualité très-supérieure, arrive d'Ecosse et pourra être semé jusqu'à la fin d'avril.
> 249 sacs de pommes de terre.
> 96 sacs d'orge.
> 6 sacs de graines potagères.
> Et 2 sacs de petites fèves.

« Les délégués anglais n'ont mis qu'une condition à leur généreuse offrande, c'est que la Commission voudra bien se charger de leur distribution de semences dans une partie de l'arrondissement de Péronne, qui peut comprendre environ cinquante communes. Il est inutile de dire que nous avons avec empressement accepté la charge qui nous était proposée.»

Un troisième envoi d'Angleterre a permis de compléter les distributions d'orges, d'avoines et de pommes de terre.

Le Danemark est venu à son tour pour continuer l'œuvre

de la société anglaise ; il nous a fait parvenir, par l'entremise de M. Bonvarlet, consul à Dunkerque, une valeur de 7,000 fr. de luzerne et de trèfle, qui a été accueillie avec une reconnaissance, d'autant plus vive, que la saison trop avancée ne permettait plus d'ensemencer des céréales.

« La Hollande nous a tendu aussi une main amie ; les délégués de la Société néerlandaise de la Croix-Blanche ont pris la peine d'apporter eux-mêmes à nos malheureuses populations les secours dont ils pouvaient disposer. Ils se sont rendus dans les communes les plus éprouvées du canton de Bapaume et ont distribué non-seulement des graines très-précieuses, telles que des orges et des fèves de Hollande, mais ils ont laissé environ trois cents francs à chacun des villages ravagés.

« MM. les instituteurs du Pas-de-Calais, répondant à l'appel du Ministre de l'Instruction publique avaient recueilli des semences de graines fourragères et potagères qui peuvent être estimées approximativement à une somme de trente mille francs. Un arrêté de M. le préfet donna ces semences aux communes du Pas-de-Calais et de la Somme qui avaient le plus souffert ».

Le département du Pas-de-Calais reçut des cent millions votés par l'Assemblée nationale, trois cent un mille francs. Cette somme fut ainsi distribuée par la Commission départementale.

Bapaume.	122,509 fr.
Bertincourt.	54,590
Croisille.	59,745
Pas.	24,655
Marquion.	12,786

Les populations, secourues ainsi dans leur dénûment, reprirent leurs travaux avec une ardeur infatigable. Les terres furent labourées et réensemencées non-seulement en blé de printemps et d'automne, mais aussi en scourgeons de mars et en plantes industrielles. Favorisées par une température alternativement chaude et pluvieuse, ces semailles réussirent et parvinrent à maturité à l'exception des blés étrangers qui ne purent s'acclimater.

Les travaux du chemin de fer qui relie Bapaume à la grande ligne du Nord, interrompus pendant la guerre, furent aussi repris avec la plus grande vigueur. L'administration, dont on ne saurait trop louer l'intelligence et le dévouement, le mit au service du public dans le cours du mois d'octobre. La locomotive put alors faire retentir de ses sifflements aigus ces plaines qui avaient tremblé sous les décharges de l'artillerie.

La ville de Bapaume eut la noble et généreuse pensée d'élever un monument funéraire à tant de braves soldats qui étaient tombés non loin de ses murs. L'anniversaire de la bataille fut naturellement choisi pour la célébration d'un service funèbre et pour la bénédiction du monument. Le 3 janvier 1872, dès le matin, Bapaume avait pris un aspect de deuil et de tristesse ; presque tous les magasins étaient fermés et les maisons pavoisées de drapeaux tricolores, la plupart ornés d'un crêpe de deuil ; des mâts vénitiens plantés de distance en distance laissaient flotter au vent des oriflammes aux couleurs nationales. Vers dix heures, un train spécial amena les autorités civiles et militaires ainsi que les nombreux invités d'Arras et des environs. La musique municipale et la fanfare conduisirent à l'hôtel de ville M. le comte de Rambuteau, préfet du Pas-de-Calais, qui accompagnait M. le comte de Beaumont et M. le vicomte de Chasseloup-Laubat, officiers d'ordonnance et représentants de M. le Ministre de la guerre retenu à Versailles. A leur suite venaient M. le général Théologue, commandant la subdivision, M. le général Derroja qui prit une part si glorieuse à cette campagne avec l'ex-amiral Payen que l'on retrouvait avec peine simple capitaine de vaisseau, M. de Thanneberg, aide de camp pendant la guerre du brave général Paulze d'Ivoy,

M. Hamille, président du conseil général, M. Deusy, maire d'Arras, M. Lenglet, ancien préfet, M. d'Havrincourt, MM. les colonels du génie Bressonnet et Milliroux, M. de Courchant, commandant la gendarmerie, M. le capitaine Dupuich M. Dibos, payeur de l'armée du Nord et beaucoup d'autres notabilités civiles et militaires.

Le cortége partit de l'hôtel de ville et se dirigea vers la demeure de M. le doyen où se trouvait Mgr Lequette entouré d'un nombreux clergé. On se rendit aussitôt à l'église qui se trouva trop petite pour la circonstance. Une foule considérable, que l'on évalua à quinze mille hommes, était accourue de Valenciennes, de Lille, de Dunkerque, de Boulogne, d'Amiens, de Montreuil, etc.

La porte principale était ornée de chaque côté de trophées composés d'armes du génie : gabions, pelles, fusils, haches, etc., rehaussés de nombreux drapeaux entourés de crêpes funèbres. Deux colonnes tronquées recouvertes de banderolles de deuil, s'élevaient au-devant de cette porte et en complétaient l'ornementation.

A l'intérieur une immense draperie noire, constellée de larmes d'argent, entourait la nef principale. Au bas du chœur, était dressé un catafalque monumental de cinq mètres de hauteur, entouré d'un splendide luminaire et revêtu d'un drap mortuaire sur lequel se trouvaient des couronnes d'immortelles. A chacun des piliers étaient attachées des cartouches qui reproduisaient les noms des villages, théâtres de la lutte du 3 janvier, et les numéros des divers régiments qui y avaient pris part. Ces cartouches étaient surmontées de panoplies du meilleur goût et du plus grand effet.

Dans le chœur on voyait des faisceaux de fusils, des drapeaux en deuil, et au-dessus de l'autel un tableau noir avec cette inscription : *Bataille de Bapaume*. Un grand écusson portant entrelacées une croix et une épée formait une protestation muette contre les théories subversives de M. Gambetta à Saint-Quentin.

Le cortége se plaça dans le chœur et autour du catafalque. La foule remplissait l'église et refluait au-dehors. Une double ligne de pompiers et de soldats du génie faisait la haie depuis le catafalque jusqu'au grand portail.

La Messe de Requiem, dite par Monseigneur Lequette, assisté de M. Wallon-Capelle, vicaire-général, et de Mgr Scott, camérier du Saint-Père, a été chantée par les Orphéonistes d'Arras, avec leur talent ordinaire, sous la direction de M. A. Duhaupas. A l'offertoire, M. Cornet, doyen de Bapaume, monta en chaire et prononça, en présence d'un auditoire religieusement recueilli, le discours suivant où respire le plus pur patriotisme :

« Monseigneur,
« Messieurs,

« Après une bataille heureusement livrée aux ennemis de sa nation, Judas Machabée fit pieusement ensevelir ceux qui avaient trouvé la mort au champ d'honneur, et demanda qu'on offrit pour eux au Dieu des miséricordes un service solennel d'expiation.

« Ne dirait-on pas, Messieurs, que ce pieux et touchant épisode des hauts faits d'armes de l'homme puissant, qui sauvait le peuple d'Israël, reparaît aujourd'hui sous nos regards édifiés avec toute l'auréole de ces mémorables circonstances, j'allais dire avec toute la gloire de sa parfaite identité ! Ne croiriez-vous pas en effet, Messieurs, en cette funèbre solennité qui nous rassemble et dans mon récit biblique qui date de vingt siècles, avoir pour ainsi dire admiré l'histoire anticipée de l'armée du Nord au point de vue de sa fortune militaire, de sa foi religieuse et de sa charité fraternelle ?

« Il y a un an, l'armée du Nord était sur un champ de bataille, à quelques pas de cette pieuse enceinte. Nos soldats, redevenus semblables à eux-mêmes sous un commandement ferme et habile, se couronnaient d'un succès.

« Mais de quel prix ne l'ont-ils pas payé ?

« Nous ne vous parlerons pas des fatigues, ni des périls, ni des privations qui auraient effrayé peut-être de vieilles troupes aguerries, et qu'ils ont dû subir, quoique novices pour la plupart dans la vie rude des camps. Il me suffira de vous dire, pour peindre d'un seul trait l'excès de leurs héroïques épreuves, qu'*ils se livrèrent au danger du combat*, ayant tout quitté, ayant fait tous les sacrifices, sans espérance d'aucun profit pour notre infortunée patrie. Hélas ! l'illusion n'était plus possible : Paris était trop loin, l'armée du Nord trop petite ; il n'y avait plus que l'honneur à sauver.

« L'honneur du drapeau ! l'honneur de la France à sauver, tout le reste perdu. C'était l'heure des grandes âmes, Messieurs, c'était plus qu'il n'en fallait pour que nos magnanimes guerriers, officiers et soldats, se précipitassent à la bataille, *plus agiles que les aigles, plus forts que les lions*. Et c'est ainsi qu'en se couvrant de gloire, après deux jours de luttes gigantesques, ils arrachèrent à Manteuffel, le favori de Guillaume, les honneurs d'un succès inespéré. Ah ! nous avons eu alors une des visions d'Ézéchiel : nous avons vu *les princes de l'aquilon tremblants et confus dans leur force (Ibi principes aquilonis paventes et in fortudine confusi)*. Bapaume, si célèbre autrefois dans nos fastes militaires, tu as donc été choisi de nouveau par le *Seigneur des armées* pour être l'heureux et le plus proche témoin d'un des échecs de l'étranger ? Dieu soit béni de t'avoir donné ta part, sinon dans la récompense, du moins dans le péril, dans les souffrances, dans le dévouement et dans la charité ! Ah ! que de choses glorieuses tu as faites et qu'il faudrait dire pour la consolation de tes nobles et illustres sœurs de France !

« Je m'en souviens, et ce souvenir impérissable enchante tous les jours mon cœur de prêtre, de pasteur et de français : le 4 janvier, c'est-à-dire le lendemain de cette cruelle journée pendant laquelle toute la ville avait été plongée dans un bruit de mort et dans un nuage de feu, les dames de cette paroisse, ferventes émules de nos admirables religieuses, se réunissaient, sous l'inspiration de la religion, en assemblée de charité, au milieu des morts et des mourants qui remplissaient le presbytère, pour nous offrir le linge qui devait servir, hélas ! à nos quinze cents blessés et à nos cinq cents morts. Et nous pensions avec un religieux attendrissement aux saintes femmes de l'Evangile préparant, le lendemain du sacrifice sanglant du Calvaire, des parfums et des bandelettes pour le divin Crucifié ; et nous pensions, dans nos anxiétés patriotiques, à notre pauvre France, blessée, meurtrie, agonisante, qui bientôt peut-être aurait besoin d'un linceul. J'étais abîmé dans ces lugubres reflexions lorsqu'au même instant (heureuse distraction, je vous bénis) on me demandait de tous les points de la ville des blessés à soigner. Chaque maison, pour ainsi dire, me suppliait de *lui apporter le salut* en la sanctifiant par la présence tutélaire d'un membre souffrant de notre divin Sauveur.

« Et nos soldats, avides de nouveaux périls et d'une gloire nouvelle, se disputaient le privilége de devenir, pour les besoins suprêmes d'une calamité sans exemple dans cette paroisse, les auxiliaires improvisés de notre unanime mais insuffisante charité. Quels services n'ont-ils pas rendus, ces enfants de la gloire devenus *les hommes de la miséricorde* dans nos ambulances ! Et quelle récompense immédiate ils ont reçue de Dieu, sans préjudice de celle qui leur est réservée dans l'éternité ! Ils ne me demandaient que le périlleux honneur du dévouement dans nos ambulances, et j'étais assez heureux pour leur maintenir, en dépit et malgré les réclamations de l'étranger, la bienheureuse liberté de servir encore la France et de mourir pour elle, s'il le fallait, dans la sainte et glorieuse obscurité d'un hôpital, sur le sol français.

« C'est alors que nous avons renouvelé l'antique alliance de la croix et de l'épée, de la valeur et de la religion, du sacerdoce et de l'armée. Le temps, le lieu, les circonstances, les hommes et les choses, tout, en un mot, n'était-il pas propice pour la consécration nouvelle et publique de cette alliance désormais indissoluble ? Prêtres, religieux, religieuses, magistrats, fonctionnaires, médecins, hommes de paix ou de guerre, nous nous trouvions réunis dans un même sentiment de compassion et de sollicitude paternelles près de la couche sanglante de nos illustres défenseurs ; nous leur donnions, de concert, les soins spirituels et corporels que réclamaient pour eux la religion et la patrie reconnaissante.

« Ai-je besoin d'ajouter que cette charité sacerdotale ou simplement chrétienne, se *faisant toute à tous*, se prodiguait, *sans acception de personnes*, avec son incomparable et si opportun trésor de sacrifices, aussi bien en faveur de l'étranger qu'en faveur de nos compatriotes ? Je défie l'Allemagne d'exprimer à ce sujet la moindre plainte, le plus petit regret. Ah ! l'Allemagne, qui ne veut reconnaître aucune défaite pour ses armées, peut contester, malgré l'évidence, son échec militaire sous les murs de Bapaume. Je suis persuadé que la pensée ne lui viendra jamais de refuser son respect, je dis plus, sa reconnaissance pour les incomparables services rendus par toutes nos religieuses indistinctement, *filles de la Charité, sœurs Augustines, servantes de Marie*, dans les grandes ambulances que notre sollicitude pastorale avait eu le bonheur d'établir.

« Et ce peu que nous faisions tous pour ces augustes invalides, ils se hâtaient de nous en récompenser au-delà de nos espérances en nous donnant le spectacle, plein de grandeur et d'édification, de leur foi, de leur patience, de leur piété.

« Il me semble les voir encore : plusieurs d'entre eux avaient cette heureuse physionomie que nous retrouvons vivante aujourd'hui devant nous dans ces chrétiennes figures de nos départements du Nord, hélas ! voilées de deuil, noyées de larmes et pour lesquelles nous éprouvons une si fraternelle sympathie. Tous, ils portaient au front l'éclat d'une mâle et vigoureuse jeunesse, tempéré par les ombres d'une aimable simplicité et d'une noble modestie. Oui, il me semble les voir, ces chers enfants de Dieu et de la France, si intrépides dans les combats, si doux dans la souffrance, rejetant comme un jouet inutile les lauriers qu'ils venaient de cueillir, et n'aspirant qu'à obtenir par une sainte mort les palmes immortelles des cieux. Leurs âmes *purifiées* planaient, plus haut que leur temps, dans la pure et sereine région des espérances célestes. Ah ! la gloire d'une pareille mort n'est pas qu'une ombre, messieurs, c'est le sommet des plus magnifiques réalités de la vie. *In ipsa gloria gloriosi.*

« Consolez-vous donc, parents, amis, en apprenant que vos proches, dignes de vous et de votre amour jusqu'à la fin, sont morts non pas en incrédules, non pas en lâches, mais en héros français, mais en héros chrétiens.

« Faut-il s'étonner que leur précoce mais enviable trépas soit honoré de tant de regrets et consacré par tant de respects? Que la religion, témoin de leur valeur et de leur vertu, leur ait fait, en présence même de l'étranger, sous la menace des projectiles du combat, dans cette église et en terre sainte, de pieuses et salutaires funérailles? Que cette ville, dépositaire fidèle de leur sang, qui peut-être un jour deviendra, pour la rénovation de la France, une semence féconde de héros chrétiens, ait élevé sur leurs cendres bénies un *sépulcre glorieux*? Que la patrie, nouvelle et inconsolable Rachel, ait envoyé, pour la représenter dans ce deuil public, quelques-uns de ces nobles enfants les plus dévoués à ses malheurs, et à leurs têtes les dignes délégués de celui qui porte avec une si puissante intelligence et un cœur si vaillant les destinées glorieuses de notre avenir militaire? Que ce temple, qui a été blessé d'une blessure matérielle et en même temps sauvé d'une souillure sacrilége, soit rempli de la pompe des réminiscences, de la solennité des hommages, des bénédictions d'un évêque, et, par-dessus tout, de la majesté de Notre-Seigneur J.-C. s'offrant victime immortelle de propitiation et recevant les suffrages tout-puissants de Notre-Dame-de-Pitié, sa divine mère et notre illustre patronne, pour les vivants et les morts? Faut-il s'étonner de cette immense concours de prêtres et de fidèles venus de tous côtés pour témoigner, par leur présence religieuse et patriotique, que l'illustration, jetée par nos héroïques défunts sur cette petite ville, rejaillit sur la France entière?

« Oui, chère et infortunée patrie, la bataille de Bapaume a été pour toi un rayon de lumière dans ton éclipse sanglante, une goutte de consolation sur tes immenses douleurs, une nouveauté singulière de succès sous l'affreuse et incroyable nouveauté de tes innombrables et excessifs revers. C'était peu pour ta gloire; ce n'était rien pour ton salut. Hélas! le salut pouvait-il, peut-il nous venir d'un bras de chair? Réduits, comme Josaphat et même plus que Josaphat, aux dernières extrémités d'un danger capital pour notre malheureuse patrie, *nous ne savons pas plus que lui*, aveugles humains que nous sommes, *ce que nous devons faire pour obtenir le bienfait du salut (Cum ignoremus quid agere de-*

beamus.) *Il ne nous reste donc plus rien, sinon d'élever,* à l'exemple de ce roi d'Israël qui par là fut sauvé et sauva son peuple, *nos yeux suppliants vers vous, Dieu de notre salut* (*Hoc solum habemus residui ut oculos nostros dirigamus ad te*). Ainsi soit-il.

Pendant l'offertoire, l'excellente musique du génie, interpréta, on ne peut mieux, un morceau d'harmonie funèbre de Gounod, et après l'élévation, les Orphéonistes de Bapaume, formés par M. Saguet, exécutèrent avec un admirable ensemble le *Jesu-Salvator*.

Après l'absoute faite par Mgr Lequette, le cortége, suivi d'une foule immense dont la plus grande partie n'avait pu trouver accès dans l'église, se dirigea vers le cimetière dont l'entrée trop étroite faillit occasionner des accidents.

Un peu à gauche du chemin principal de ce champ de repos, au-dessus de la tombe qui contient les corps de nos braves soldats, se trouve un monument d'une grandiose simplicité. C'est un tertre de petits rochers entremêlés de lierre, sur lequel s'élève une croix en granit, imitant deux morceaux d'arbres. Au point de rencontre des branches de la croix est attaché un disque de marbre blanc représentant une couronne d'immortelles et portant en légende ces mots.

AUX VICTIMES DE LA BATAILLE DE BAPAUME
DES 2 ET 3 JANVIER 1871,
SOUVENIR DES HABITANTS DE LA VILLE.

Avant de procéder à la bénédiction, Monseigneur s'inspirant de cette croix, emblème de tous les sacrifices, symbole de toutes les espérances, fit cette magnifique allocution :

« Nous avons répondu avec empressement à l'invitation qui nous a été faite de prêter notre auguste ministère à cette solennité funèbre. En notre qualité de premier Pasteur, nous ne devions pas rester indifférent à cet hommage public, éclatant, décerné à la mémoire des braves guerriers qui, pour la défense de la patrie, ont versé leur sang dans cette partie de notre bien-aimé diocèse. Enfant nous-même de la ville de Bapaume, pouvions-nous ne pas nous associer à ce souvenir donné aux graves événements qui se sont passés, il y a un an, dans son sein, sous ses murs, et qui devaient être suivis pour elle, si la divine Providence ne l'eut protégée, de tant de désolations et de ruines?

« Nous remplissons donc un devoir sacré pour notre cœur d'Evêque et d'enfant de cette chère cité, en inaugurant par les prières et les bénédictions de l'Église ce monument, qu'une pensée chrétienne et patriotique a fait élever en l'honneur des glorieuses victimes frappées par la mort dans ces champs qui nous entourent. Ce sera pour les générations futures un témoignage permanent de l'héroïsme de ceux dont les restes reposent en cette terre sainte, et de la reconnaissance de ceux qui en ont recueilli les fruits.

« Nous sommes heureux de voir le signe sacré de la croix surmonter ce monument funèbre. N'en sort-il pas de sublimes enseignements pour ceux qui la contemplent? Et en effet, quel est le but de ce monument, sinon de perpétuer le souvenir du courageux dévouement avec lequel d'intrépides soldats se sont exposés à la mort, pour l'honneur et la défense de la patrie. Or, la croix est le signe du dévouement porté à sa plus haute puissance. Que rappelle la croix au chrétien qui la regarde avec foi? Un Dieu qui se sacrifie, s'immole pour l'humanité tout entière; un Dieu qui verse son sang pour la purifier, pour la réconcilier avec la justice céleste; un Dieu qui accepte la mort, et la mort la plus cruelle pour nous arracher à cette mort éternelle à laquelle nous vouait le péché de notre premier père; et, ce dévouement que le Fils de Dieu a réalisé d'une manière si sublime sur la croix, il le recommande à ceux qu'il appelle à marcher à sa suite : « Si quelqu'un veut venir après moi, qu'il fasse abnégation, sacrifice de lui-même; qu'il prenne sa croix et qu'il me suive. » L'apôtre saint Jean après avoir signalé cet amour incompréhensible d'un Dieu qui se dévoua, se sacrifia, conclut en disant : Et nous aussi nous devons donner notre vie pour nos frères.

« Aussi, depuis que brille dans le monde cette croix portant entre ses bras un Dieu immolé pour nous, quels héroïques dévouements n'a-t-elle pas inspirés ! C'est aux pieds de la croix que le généreux missionnaire puise ce courage avec lequel, bravant tous les dangers, il porte la lumière évangélique à tant de peuples plongés dans les ténèbres de l'idolâtrie. C'est en portant la **croix** que tant de vierges renonçant aux jouissances terrestres, se consacrent au soulagement des douleurs qui atteignent notre pauvre humanité, ne reculant ni devant les dangers de la contagion, ni devant les sanglantes horreurs des champs de bataille. C'est dans la pensée de la croix que s'anime, se retrempe cet héroïsme militaire qui a toujours fait la gloire des nations chrétiennes. La croix est donc le signe par excellence du dévouement. Aussi, quand la patrie veut récompenser un de ses enfants qui s'est dévoué pour elle, elle place sur sa poitrine comme distinction honorifique le signe auguste de la rédemption. Il était donc convenable que la croix couvrît de son ombre sacré ce monument du courage dans le sacrifice et l'immolation.

« Mais, N. T.-C. F., cette croix n'est-elle pas aussi le fondement des espérances dont nous entourons la mémoire de ces généreux guerriers ? Leurs corps inanimés reposent sans doute dans cette terre, mais leurs âmes, que sont-elles devenues ? Entrées dans la demeure de l'éternité, qu'auront-elles obtenu en échange de ce sang héroïquement versé ? Ah ! ne pouvons-nous pas avoir la pleine confiance que le Dieu qui s'est sacrifié pleinement pour nous, aura associé à sa gloire dans le ciel ceux qui ont été en ce monde les imitateurs de son dévouement ? Du moins, si ces âmes avaient encore quelque dette à payer envers la justice divine, de la croix aussi tirent leur valeur ces prières que nous adressons pour accélérer leur entrée dans le lieu éternel du rafraîchissement, de la lumière et de la paix. Le saint sacrifice de la messe que nous avons célébré, il y a quelques instants, à leur intention, est la continuation du sacrifice de la croix, l'application de ces mérites puissants qu'un Dieu mourant pour nous a acquis au prix de son sang. Ce sacrifice n'est-il pas au-dessus de celui que Judas Machabée faisait offrir dans le temple de Jérusalem en faveur de ses vaillants compagnons d'armes tombés sur le champ de bataille ? Disons-le donc, la croix, c'est le trésor des mérites qui purifient devant Dieu et donnent l'entrée dans son royaume éternel.

« Soyez donc bénis, chers habitants de Bapaume, de la pieuse pensée qui vous a inspiré l'érection de ce monument chrétien. Il sera un nouveau témoignage de l'esprit de foi qui a toujours animé cette chère cité. Conservez donc inviolablement cette foi que vos pères ont possédée, nous nous le rappelons toujours, à un si haut degré. Puisez sans cesse dans cette foi, l'attachement à l'Eglise et à son Chef suprême, le dévouement à la patrie, et cette union qui, de tous les membres d'une cité, ne fait qu'une seule et même famille. »

Aussitôt après la bénédiction du monument, M. le **Préfet** a pris la parole, et d'une voix vibrante a prononcé ce discours plein d'énergie et inspiré par le véritable amour de la France :

« Messieurs,

« Je suis venu ici entouré du bienveillant concours des autorités de notre département, pour nous associer au juste et touchant hommage que vous rendez aux victimes du combat de Bapaume.

« Vous l'avez senti, ce sont les prières de l'Église qui doivent honorer les morts ; ce sont elles aussi qui conviennent le mieux à ces anniversaires de douleur où la gloire ne brille qu'à travers des larmes. Il faut plaindre ceux qui n'ont que des réjouissances à nous offrir pour célébrer de tels jours ; il leur reste peut-être encore une patrie, il leur manque un Dieu.

« Je remercie les habitants de Bapaume de s'être unis dans la généreuse pensée d'élever sur la tombe de nos morts un monument qui consacre leur mémoire. Ils couronnent et complètent ainsi le vœu du Conseil général de perpétuer par une colonne d'une éloquente simplicité le souvenir de notre succès au lieu même où il s'est décidé.

« Votre ville, du reste, n'a pas plus ménagé ses soins aux ambulances que son offrande aux sépultures : elle en sera récompensée, en prenant sa place dans l'histoire par ce combat heureux. Je n'oublierai jamais quel tressaillement d'espoir il nous apporta dans Paris.

« Je comprends que les populations qui nous entourent en soient fières ; il n'est pas seulement vôtre par le sol, il l'est par le sang de vos enfants, il l'est aussi par le chef qui les commandait. Je ne partage pas ses opinions politiques, mais je n'hésite pas à rendre à sa valeur militaire le témoignage que ses ennemis ne lui ont pas refusé.

« Il vous sera précieux d'y associer aussi les deux officiers qui ont le plus contribué au succès de cette journée et dont la présence au milieu de nous rehausse l'éclat de cet anniversaire : le général Derroja et le commandant Payen des fusiliers de la marine.

« Vos fortes races du Nord, suivant l'exemple de ces marins, dont le dévouement et le courage resteront partout légendaires, ont eu cette fois le bonheur de vaincre par elles et pour leurs foyers.

« Plus tard, lorsque l'histoire enregistrera cette suite inouïe de revers à laquelle ne croiraient pas nos aïeux, et dont, je l'espère, douteront nos petits-enfants, le combat de Bapaume viendra sous sa plume comme une de ces éclaircies passagères, il est vrai, mais auxquelles on aime à s'arrêter.

« Honneur donc aux victimes qui reposent en ces lieux ; ces soldats sont morts pour la patrie et nous lèguent un enseignement, sachons le recueillir. Du fond de leur tombeau, ils peuvent nous dire que si leur mort n'a point suffi à sauver notre mère commune, la France, à nous est le devoir de la relever. Parler de vengeance, c'est la rendre à jamais impossible ; la vouloir, c'est rentrer en nous-mêmes après avoir étudié nos ennemis ; c'est leur prendre au plus tôt cette admirable loi militaire qui fait de l'armée l'école de toute la nation, aussi bien que ce grand sentiment national inscrit sur le cimier de leurs casques comme au fond de leur cœur.

« Gardons-nous, Messieurs, d'être injustes pour notre malheureuse et magnifique armée, héritière de tout un passé de gloire. Elle n'a pas failli ; mais confions lui bien vite nos enfants ; elle seule peut en faire des hommes.

« Être un homme, Messieurs, c'est d'abord avoir l'âme assez haute et le corps assez ferme pour endurer les fatigues et affronter la mort ; être un homme, messieurs, c'est ensuite avoir l'amour de sa nation, je dis l'amour et non la vanité. Nous tous Français, nous avons été vains de notre gloire militaire.

« Tous, nous avons aimé la Patrie dans son prestige ; apprenons maintenant, si nous voulons la sauver, à aimer notre mère dans la douleur et l'isolement et, si nous voulons lui rendre son rang en Europe, que notre ambition soit de valoir et non d'avoir.

Quand nous vaudrons, nous serons.

Laissons de côté les illusions du passé comme celles de l'avenir et regardons-nous en face.

Avons-nous compris la leçon que l'ennemi est venu nous donner et qui coûte la vie à ceux qui sont-là ! Sommes-nous meilleurs, avons-nous retrouvé dans le malheur ce qu'il rend d'ordinaire : la Réflexion et la Sagesse.

«Que s'il n'en était rien, si nous étions encore les hommes de la veille ou ceux du lendemain, alors, Messieurs, il faudrait, je vous le dis loyalement et bien haut, pleurer ces morts sans la consolation de voir du moins comprise la leçon que leur sang nous a donnée. »

M. Pajot, maire de Bapaume, a remercié en quelques mots les personnes qui étaient venues par leur présence ajouter à l'éclat de cette cérémonie.

M. Lenglet, préfet du Pas-de-Calais au moment de la bataille, a rendu ensuite hommage à la valeur des chefs et des soldats de l'armée du Nord :

« Messieurs,

« A l'époque où se sont passés les événements de Bapaume, j'administrais provisoirement le département du Pas-de-Calais ; c'est donc un devoir pour moi de venir ajouter mon témoignage aux témoignages imposants que vous venez d'entendre.

« La petite armée du Nord et ses glorieux chefs ont inspiré le respect et l'admiration à nos ennemis eux-mêmes, et l'histoire leur rendra une justice éclatante.

« Des marins, de vieux soldats que des malheurs immérités n'avaient pas découragés, des jeunes gens, des enfants de la classe 1869, qui avaient à peine trois ou quatre mois d'exercice, des mobiles, des mobilisés, tous, aguerris ou non, pleins de dévouement et de patriotisme, telle était la composition de l'armée du Nord qui accomplit de véritables exploits, et qui parvint à préserver des horreurs de l'invasion le département du Nord et la plus grande partie du département du Pas-de-Calais.

« Bapaume était occupée par l'ennemi et subissait toutes les angoisses de cette situation, lorsque tout à coup l'armée de Faidherbe quitta les lignes de la Scarpe et vint au-devant de l'armée prussienne.

« Le 2 janvier eut lieu le premier combat, celui de Béhagnies, c'est là que les mobiles se conduisirent si vaillamment et firent des pertes considérables. Les marins eux aussi, firent des pertes énormes et se battirent de la façon la plus héroïque. Ils se montrèrent les dignes enfants des marins du siècle dernier, de ceux qui, sur le vaisseau *le Vengeur*, criblé de boulets, faisant eau de toutes parts, refusèrent de se rendre, clouèrent leur pavillon au grand mât et disparurent dans les flots au cri de : *Vive la Nation !*

« Le lendemain, 3 janvier, eut lieu la bataille de Bapaume ; vous connaissez les détails de notre victoire, et vous savez que tous rivalisèrent de dévouement et de patriotisme. L'ennemi, habitué à la victoire depuis 5 mois, fut battu sur toute la ligne.

« Bapaume se souviendra de la soirée du 3 janvier. L'ennemi s'y était retranché ; l'armée française aurait pu l'en déloger, mais il aurait fallu lancer des obus et brûler Bapaume, et l'homme qui commandait l'armée Française était non seulement un illustre général, mais c'était un véritable citoyen ; il ne put se résigner à brûler une ville française, et au risque d'être accusé d'avoir commis une faute militaire, il aima mieux renoncer à la gloire de faire un millier de prisonniers de plus.

« La ville de Bapaume a eu une noble et généreuse pensée en élevant un monument funéraire aux braves qui sont morts pour la patrie. Cet hommage leur est dû. Puisse leur exemple contribuer à retirer notre pays de l'abîme où on l'a plongé, et à le rendre un jour libre et respecté !

Plusieurs couronnes d'immortelles furent déposées sur la

tombe de nos braves héros, et le cortége se dirigea de nouveau vers la ville.

Cette fête a conservé jusqu'à la fin son caractère imposant et religieux. Elle a laissé un profond souvenir dans le cœur de tous ceux qui y ont assisté et a fait le plus grand honneur à la ville qui en avait pris l'initiative.

Le Conseil général du département fit aussi élever un monument commémoratif de la bataille de Bapaume. Ce monument, qui nous a paru être une pyramide tronquée, se trouve sur la droite de la route d'Arras à Bapaume, non loin de l'intersection de cette route par le chemin de Biefvillers à Favreuil.

APPENDICE

A L'HISTOIRE DE BAPAUME

Nous ne voudrions point passer sous silence une cérémonie imposante qui eut lieu quelque temps après l'anniversaire de la bataille de Bapaume. Les administrateurs du petit chemin de fer de cette ville, MM. Arrachart, Grardel, Parel, Lagniez-Legay, dignes héritiers de la foi de leurs pères, prièrent Monseigneur Lequette de venir placer sous la protection du Très-Haut la nouvelle voie ferrée. Sa Grandeur s'empressa d'accueillir favorablement leur demande et fixa le 1er avril pour la bénédiction.

M. le comte de Rambuteau, préfet du Pas-de-Calais, M. le délégué de la Compagnie du chemin de fer du Nord, M. Gardin, président du tribunal civil, MM. Maurice Colin et Legrelle, présidents de la chambre et du tribunal de commerce, M. le colonel Sanglier, etc., se rendirent à cette cérémonie qui conserva un caractère privé. Après que la musique eut salué leur arrivée en exécutant un morceau d'harmonie, Mgr Lequette, qui était déjà à la gare, entouré du clergé et de MM. les Administrateurs, prononça l'allocution suivante, que l'on a écoutée avec le plus vif intérêt :

« Il y a trois mois, N. T.-C. F., répondant avec empressement à l'invitation qui nous en avait été faite, nous prêtions notre ministère à une solennité touchante sans doute dans son objet, triste toutefois par les souvenirs funèbres qui s'y rattachent ; la ville de Bapaume célébrait l'anniversaire de la bataille livrée autour de son enceinte, et elle rendait un hommage aussi pieux que mérité à la mémoire des braves guerriers héroïquement immolés pour la défense de la patrie. Après avoir offert le divin sacrifice pour le repos de ces victimes généreuses, nous bénissions à l'endroit même où reposent leurs derniers restes, le monument qui perpétuera dans les générations futures le souvenir d'un magnanime et glorieux combat. Nous félicitions en même temps la cité, qui nous est chère à tant de titres, des sentiments à la fois religieux et patriotiques dont elle donnait, en cette mémorable circonstance, le plus éclatant témoignage.

« Aujourd'hui, N. T.-C. F., une autre solennité appelle encore notre présence au milieu de vous. De nouvelles bénédictions sont demandées à notre auguste ministère. Nous avons la mission de placer sous les auspices de la religion la voie nouvelle dont l'achèvement, s'il a été l'objet de légitimes aspirations, est la récompense des constants efforts et de courageux sacrifices.

« Nous n'avons pas besoin de vous dire combien douce est encore pour nous la fonction sainte que nous allons remplir. Enfant de la cité de Bapaume, et nous ne l'oublions jamais, nous ne saurions rester indifférent aux événements qui la touchent dans l'ordre temporel comme dans l'ordre spirituel. Naguère, lorsqu'elle était visitée par la tribulation, lorsqu'elle gémissait sous le poids des exigences d'un impitoyable ennemi, nous compatissions douloureusement à ses angoisses, à sa désolation.

« Pourrions-nous en ce moment, ne pas sourire aux espérances de prospérité inspirées par la grande œuvre que nous allons bénir ? et puis, notre cœur d'Évêque pourrait-il n'être pas vivement touché d'une manifestation qui atteste si hautement encore la foi religieuse dont est pénétrée cette portion bien aimée de notre immense troupeau ?

« Oui, N. T.-C. F., et nous sommes heureux d'en féliciter ici les honorables Administrateurs, les prières qu'ils ont sollicitées de notre part ne sont-elles pas une éloquente protestation contre ces doctrines perverses que l'impiété matérialiste ne cesse de répandre, de propager au sein de nos populations. On voudrait détruire dans les cœurs la croyance à un Dieu créateur, souverain Maître du ciel et de la terre, rejeter cette Providence qui a fait toutes choses avec poids et mesure, en disposant tout avec suavité. On voudrait que l'homme, sans s'inquiéter aucunement d'un prétendu monde spirituel, ne vit plus en lui et autour de lui que la matière, et les richesses et les jouissances qu'en tire son active industrie. Hélas ! combien n'en est-il pas qui, séduits par ces désolantes doctrines, abjurant toute croyance religieuse, concentrent dans ce monde purement matériel, leurs affections, leurs désirs, tout le travail de leur intelligence. Ils réalisent tristement ces paroles de nos saints Livres : l'homme, élevé à un si haut degré dans l'ordre de la création, n'a point compris sa dignité, il s'abaisse au rang de l'animal, cherchant comme lui son unique bonheur dans les jouissances sensibles.

« Pour vous, Messieurs, grâce aux enseignements religieux dont vous avez été nourris dans votre enfance, et que nous avons partagés avec vous (il nous est doux de nous le rappeler en ce moment) ; grâce à cette foi chrétienne dont vous êtes pénétrés, vous savez dans vos nobles pensées vous élever au-dessus de ce monde matériel ; vous vous inclinez devant l'Être infini, souverain, qui d'une seule parole a tiré du néant les êtres sensibles qui nous entourent, les a soumis dès l'origine à ce lois constantes, invariables, dont la sagesse s'impose d'autant plus à l'admiration qu'elles sont plus étudiées, plus connues, mieux appropriées à nos divers besoins. L'homme, sans doute, a été constitué roi de ce monde visible, en vertu des paroles qu'a prononcées le Créateur : *Faisons l'homme à notre image et à notre ressemblance, et qu'il commande aux poissons de la mer, aux oiseaux du ciel, aux bêtes, à toute la terre et à tout ce qui se meut sur cette terre.* Il peut donc dans l'activité de sa noble intelligence, dans l'exercice des facultés diverses dont il est enrichi, étendre partout cette domination qui lui a été divinement conférée. Mais il ne doit pas oublier que, s'il est roi de ce monde extérieur, il reste toujours le vassal du grand Roi du ciel et de la terre, qu'il est tenu de lui faire hommage de toutes les conquêtes réalisées par sa science, son industrie. Qu'il se rappelle sans cesse que par sa nature raisonnable, il est le lien rattachant le monde matériel à l'être infini, principe suprême de toutes les existences.

« Voilà, Messieurs, ce que vous proclamez vous-mêmes en ce

jour, en nous priant de placer sous la protection divine la grande œuvre que vous avez achevée pour la prospérité de cette contrée particulièrement chère à notre cœur. C'est donc avec une pieuse satisfaction que nous allons bénir cette voie tracée dans les champs même qu'arrosait naguère le sang de nos généreux guerriers, bénir les puissants moteurs dont les flancs recèlent la redoutable force, principe d'une vitesse qui la dispute à celle des vents. Selon les paroles que l'Église va placer sur nos lèvres, nous supplierons les anges du ciel de se joindre à ces chars et de garder de tout danger ceux qu'ils entraîneront dans leur course rapide. Mais surtout nous demanderons à Dieu que tous, marchant avec la même ardeur dans la voie de ses commandements, nous arrivions heureusement à la céleste patrie. En effet, N. T.-C. F., que ce nouvel élan imprimé à nos intérêts matériels, ne le soit jamais au détriment des intérêts bien autrement importants de notre salut éternel. Sachons toujours mettre en pratique cette recommandation du divin Maître : cherchez avant tout le règne de Dieu et sa justice, et nous mériterons ainsi les bénédictions qui féconderont nos industries et nos labeurs pour la gloire de Dieu, et notre plus grand bonheur en ce monde et dans l'autre. »

Après cette allocution, le bien-aimé Prélat bénit solennellement la voie et les locomotives. On se rendit ensuite à l'église où Monseigneur entonna le *Te Deum*, pendant lequel Mme Parel, conduite par M. Laguiez-Legay, fit une quête pour les pauvres.

Le cortége revint à la gare où un banquet avait été préparé dans la remise des locomotives, transformée pour la circonstance avec autant de goût que d'habileté. De longues guirlandes de lierre tapissaient les murailles, sur lesquelles se détachaient de distance en distance de magnifiques emblèmes formés d'instruments qui servent à l'exploitation des chemins de fer.

Divers toasts furent portés : Monseigneur fut très-heureux en parlant de son affection pour sa ville natale ; M. le Préfet félicita les habitants de Bapaume de l'énergie et de la persévérance qu'ils avaient montrées dans la construction de ce chemin de fer, qui est en quelque sorte le bien propre de la ville de Bapaume.

Cette fête de famille, où régna la plus grande cordialité, se termina vers cinq heures.

Puisse le chemin de fer de Bapaume, prolongé comme il doit l'être, accroître sans cesse la prospérité de la ville, qui n'a reculé devant aucun sacrifice pour se le procurer.

TABLE DES MATIÈRES.

CHAPITRE PREMIER.

La guerre de 1870 ne devait pas réussir. — Il nous fallait après le 4 septembre d'excellents généraux et non d'habiles discoureurs. — Errements de M. Gambetta. — Plan du général Bourbaki. — Celui du général Faidherbe. — Composition de l'armée du Nord. — État-major général. — 22e corps, 1re et 2e division. — 23e corps, 1re et 2e division. — Coup-d'œil sur cette armée. — État-major. — Service religieux. — Artillerie. — Cavalerie. — Infanterie. — Intendance. — Plaintes contre elle. — Irrégularité dans les distributions de vivres. — Pourquoi les mobiles et les mobilisés ont-ils été, à part plusieurs exceptions honorables, inférieurs à l'armée active. — Causes. — Que doit-on faire ?. 1

CHAPITRE DEUXIÈME.

Bataille de Pont-Noyelles. — Mouvement rétrograde de l'armée française. — Une grande partie passe à Bapaume. — Empressement des habitants à loger nos soldats. — Accident signalant le départ de l'artillerie. — Entrée des Prussiens. — Consternation de la ville. — Occupation des environs par l'ennemi. — Le gendarme Josselin. — Mesures prises par les Prussiens pour leur sécurité personnelle. — Leur logement et leur nourriture. — Leur appétit dévorant. — Plus de pain à Bapaume. — La foule à l'Hôtel-de-Ville. — Réquisitions continuelles à Haplincourt, à Ervillers, à Boyelles, etc. — Les bandes d'infirmiers. — Le prétendu droit de la guerre. — Actes de barbarie. — Cercle de fer pour les habitants. — Système d'intimidation des Allemands. — Leur vigilance extrême. — Leur organisation : infanterie, cavalerie, artillerie. — Discipline excessivement sévère. — Bombardement de Péronne. — Hardiesse des éclaireurs. — Orgie des Prussiens. — Langage apostolique de M. Cornet 18

CHAPITRE III.

Les espérances de l'année 1871. — Ordre du jour de l'armée du Nord. — La marche en avant, le 31 décembre. — Ordre du mouvement. — Position de l'ennemi. — Arrivée sans encombre de la division Derroja à Achiet-le-Petit. — Éclaireurs ennemis signalés dans le bois de Logeas par la division du Bessol. — Leur dispersion. — Combat d'artillerie. — Prise d'Achiet-le-Grand. — Poursuite de l'ennemi jusqu'au delà de Grévillers. — Marche du 23e corps. — En sortant d'Ervillers rencontre d'un émissaire. — Préliminaires du combat. — Attaque de Béhagnies. — Lutte acharnée dans le village. — A gauche de Béhagnies, combat non moins violent. — Intrépidité des marins, chasseurs et mobiles. — Charge des hussards rouges. — Béhagnies pris par les marins et les mobiles, et repris par les Prussiens. — Un héros dans le corridor de la ferme de M. Waterlot. — Pertes sérieuses. — Le capitaine de La Frégeolière. — Inquiétudes du Commandant en chef du 23e corps. — La brigade Michelet se replie sous la protection de la brigade Delagrange. — Qu'était donc devenue la division Robin ? — Courage du bataillon des voltigeurs du Nord en présence d'un régiment prussien. — Entrée du général Robin à Mory après un léger combat. — Pourquoi le général Faidherbe n'est-il pas venu au secours de son lieutenant ? . . . . . , ... 42

CHAPITRE IV.

Ordre du jour de l'armée prussienne. — Sa position. — Son effectif. — Ordre du jour du 22e corps. — Réveil de l'armée française. — Le général du Bessol fait fouiller Béhagnies et Sapignies. — Le 23e corps. — Occupation de Béhagnies pendant la nuit. — Dispositions prises par le général Paulze d'Ivoy. — Combat d'artillerie. — Débandade de la division Robin. — Prise de Biefvillers. — Difficulté de déboucher de Biefvillers. — Trois compagnies y parviennent, mais elles sont bientôt obligées de se replier sur Grévillers. — Occupation de ce village par la brigade Pitié. — Violent combat d'artillerie. — La brigade Fœrster attaque le faubourg d'Arras. — Lutte courte, mais acharnée. — Prise du cimetière et de la fabrique. — Vive fusillade entre nos soldats et les défenseurs d'une barricade à l'entrée de la ville. — Tentative sur Saint-Aubin. — Mort du capitaine Martin. — Évacuation d'Avesnes par l'ennemi. — Occupation de ce hameau. — Prise des ambulances. — Impossibilité de déboucher d'Avesnes. — Le 17e et le 18e chasseurs derrière une briqueterie. — Les obus sur la gare. — Attaque de Tilloy par le 68e de ligne. — Prise de ce village. — Impossibilité de nous emparer de Ligny. — Opérations du 23e corps. — L'artillerie prépare l'attaque de Favreuil. — Les voltigeurs s'emparent du parc de M. Boniface. — Fausse attaque de Favreuil au nord-ouest

— Attaque réelle au sud-est. — Courage héroïque du 24e chasseurs. — Prise du village. — Nouvelle tentative sur Saint-Aubin. — Combat acharné.—Nos soldats, écrasés par le nombre, se retirent sur Favreuil. — Les mobilisés ralliés occupent Beugnâtre abandonné par l'ennemi. — Diversion sur les derrières du 22e corps ; charge sans résultat des uhlans sur la garde du convoi. — Dans la soirée, ordre d'évacuer le faubourg d'Arras, Avesnes et Tilloy. 62

CHAPITRE V.

État moral des populations voisines du théâtre de la guerre pendant les 2 et 3 janvier. — Épouvante et angoisses. — Sauve-qui-peut. — Pour éviter un danger, on tombe dans un autre. — La frayeur gagne aussi les populations voisines. — Avanies et insultes aux habitants de Favreuil, Beugnâtre, etc., qui ne quittèrent pas leur maison dans la nuit du 2 au 3 janvier. — Fuite des habitants de Frémicourt, Bancourt et Haplincourt. — Effroi non moins grand à Bapaume. — Obus sur la ville, sur l'hôpital. — Anxiété mortelle des habitants. — Vers onze heures et demie, les Prussiens se replient, mais ils ne quittent pas tous Bapaume. — Le soir de la bataille, les Allemands se répandent dans les maisons pour piller. — Même brigandage à Tilloy, à Haplincourt, etc. — Étendue du champ de bataille. — Son aspect. — Les infirmiers militaires. — Dévouement des dames Bouvet. — Scènes attendrissantes. — Ambulances à Ervillers, à Boyelles et à Bapaume. — L'ancienne caserne transformée en hôpital. — Le 3 janvier, on ne sait plus où mettre les blessés. — Le presbytère, le pensionnat de M. Decoquy changés en ambulances. — Voulons-nous avoir une idée de la guerre ? — Dévouement du clergé. — M. l'abbé Vibaux, marchant avec les chasseurs à l'attaque d'une batterie. — Sentiments de patience et de foi des soldats comme des chefs. — Le commandant Granger. 97

CHAPITRE VI.

La victoire vint s'abriter à Bapaume sous nos drapeaux. — Les télégrammes allemands convaincus de mensonge. — Réponse du général Faidherbe au général von Gœben. — Le général Faidherbe a-t-il profité de sa victoire. — Quel était son but en livrant la bataille ? — L'a-t-il atteint ? — Pouvait-il l'atteindre ? — Spectacle presque unique dans l'histoire. — Le 20e chasseurs se couvre de gloire en repoussant une charge de cuirassiers blancs. — Proclamation du général en chef à l'armée. — Le mouvement rétrograde des Français jette de nouveau les populations dans l'abattement. — Désolation à Bapaume. — Inhumation. — Seconde occupation de la ville et des environs. — Nouvelles réquisitions accompagnées de mille vexations. — Le charron d'Achiet-le-Grand sur le point d'être passé par les armes. — Prise de 43 uhlans à Monchy. — L'armée française s'ébranle. — Enlèvement des grand'gardes prussiennes à Béhagnies. — Entrée du général Derroja à Bapaume. — Acclamation générale. — La reddition de Péronne. — Une reconnaissance prussienne lance quelques obus sur les avant-postes français placés au faubourg de Paris. — Télégramme allemand. — Une partie de l'armée française marche sur Albert. — Entrée de la division Robin à Bapaume. — Elle quitte cette ville pour marcher sur Saint-Quentin. — Bataille. — Troisième occupation prussienne. — Circulation interdite. — Dangers courus à Bapaume par deux honorables habitants d'Arras. — Le ministre protestant veut officier dans l'église. — Réquisitions sur réquisitions. — Tableau officiel. — Contributions imposées aux cantons de Croisilles et de Bertincourt. — Le 28 janvier, l'armée prussienne quitte Bapaume. — Le pays est tout-à-fait épuisé. — Armistice. — Le canton de Bapaume allait être frappé d'une contribution de guerre comme ceux d'Albert et de Combles sans la prévoyance de M. le Maire. 119

CHAPITRE VII.

Dévastation du pays. — Pour comble de maux, hiver rigoureux. — L'Assemblée nationale vote la paix. — Charité de Mgr Lequette pour les victimes de la guerre. — Les nations étrangères viennent aussi à leurs secours. — Commission établie à Arras pour la répartition des graines dans les divers cantons. — MM. les instituteurs. — Les terres ensemencées. — Le chemin de fer de Bapaume à Achiet. — Monument funéraire. — Anniversaire de la bataille. — Aspect de la ville. — Arrivée des autorités civiles et militaires. — Le cortège se rend au presbytère où se trouvait Monseigneur. — Église tendue de deuil et décorée de trophées militaires. — La messe. — Discours de M. le doyen. — Après l'absoute, le cortège se rend au cimetière. — Discours de Mgr Lequette. — Bénédiction du monument. — Discours de M. le Préfet du Pas-de-Calais. — Quelques paroles de M. le Maire. — Discours de M. Lenglet. — Impression de la cérémonie. — Monument commémoratif de la bataille. — Appendice à l'histoire de Bapaume. — Bénédiction du chemin de fer. — Discours de Mgr Lequette. 163

Arras, typ. A. Planque et Cie.

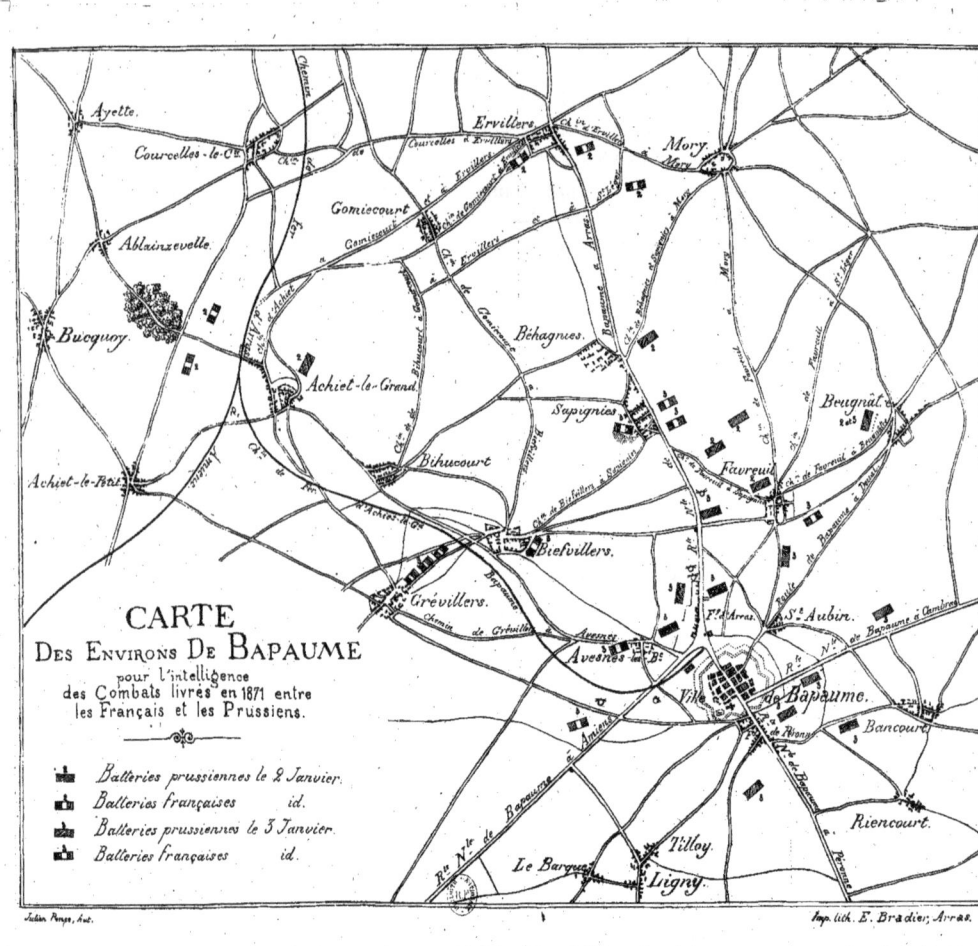

www.ingramcontent.com/pod-product-compliance
Lightning Source LLC
Chambersburg PA
CBHW060515090426
42735CB00011B/2239